Prática de ensino de geografia
e estágio supervisionado

Prática de ensino de geografia e estágio supervisionado

Elza Yasuko Passini
Romão Passini
Sandra T. Malysz
(Organizadores)

Prefácio de Rosângela Doin de Almeida

Copyright © 2007 Dos organizadores

Todos os direitos desta edição reservados à
Editora Contexto (Editora Pinsky Ltda.)

Projeto gráfico e montagem de capa
Gustavo S. Vilas Boas

Diagramação
Gapp Design

Preparação de textos
Ruth Kluska

Revisão
Gissela Mate

Dados Internacionais de Catalogação na Publicação (CIP)
(Câmara Brasileira do Livro, SP, Brasil)

Prática de ensino de geografia e estágio supervisionado /
Elza Yasuko Passini, Romão Passini, Sandra T. Malysz,
(organizadores). – 2. ed., 3ª reimpressão. – São Paulo :
Contexto, 2021.

Bibliografia
ISBN 978-85-7244-380-7

1. Estágio (Educação) - Brasil 2. Estágio Curricular
Supervisionado 3. Geografia - Estudo e ensino 4. Pedagogia
5. Planejamento educacional I. Passini, Elza Yasuko.
II. Passini, Romão. III. Malysz, Sandra T.

07-7452   CDD-910.7

Índice para catálogo sistemático:
1. Geografia : Estudo e ensino : Prática de ensino 910.7

2021

EDITORA CONTEXTO
Diretor editorial: *Jaime Pinsky*

Rua Dr. José Elias, 520 – Alto da Lapa
05083-030 – São Paulo – SP
PABX: (11) 3832 5838
contexto@editoracontexto.com.br
www.editoracontexto.com.br

Sumário

Prefácio 7

Introdução 11

Estágio em parceria universidade-educação básica..................... 16

A Prática de Ensino e o Estágio Supervisionado 26

Convite para inventar um novo professor 32

Conhecimento do espaço escolar 52

Planejamento 58

A construção do conhecimento moral 65

A didática da afetividade.. 72

O aluno, o professor e a escola.. 78

Um diário da construção de respeito e afeto 86

Aulas tediosas, alunos alienados.. 94

Recursos didáticos: do quadro-negro
ao projetor, o que muda? 101

Como aprender Geografia com a utilização
de jogos e situações-problema 117

Multimídia na escola: formando o cidadão
numa "cibersociedade" 124
Ensino de Geografia e produção
de videodocumentário 132
Alfabetização cartográfica 143
Aprender Geografia em sala-ambiente 156
Estudo do meio 171
Avaliação no processo: aprender ensinando........................ 178
Fechando o livro e abrindo um diálogo 196
Anexos 198
Os organizadores 222
Os autores 223

Prefácio
Rosângela Doin de Almeida

Este livro sobre a Prática de Ensino de Geografia é muito bem-vindo, principalmente porque apresenta uma reflexão a partir "das práticas" por pessoas envolvidas em situações de ensino comum, sob uma proposta *colaborativa* de trabalho.

Nas últimas décadas, as mudanças ocorridas nas ações que envolvem diferentes grupos sociais atingiram a formação de professores de modo que as formas já tradicionais de estágios supervisionados tornaram-se inadequadas e, até certo ponto, inconvenientes diante de uma ética que surgiu de proposições multiculturalistas que fragmentaram a hegemonia de grupos já estabilizados como detentores da produção de saberes. As fontes curriculares, que estavam centradas principalmente na Ciência, deslocaram-se para uma instância mais abrangente e vigorosa como referência de conhecimento: a cultura.

Em virtude disso, aqueles que lidam com a formação de professores nas universidades têm buscado adequar os estágios supervisionados tanto às atuais concepções quanto às circunstâncias das escolas, onde interesses dos diferentes grupos sociais que delas participam vêm gerando outras demandas. Diversas situações apresentadas

em relatórios apontam a insatisfação dos professores por franquearem seu trabalho à intervenção de estagiários, sem que isso lhes reverta em soluções para os problemas com que se deparam em seu cotidiano. Por outro lado, é corrente a queixa de acadêmicos e de estagiários diante da indiferença dos professores quanto a conhecimentos mais atualizados sobre o ensino.

As insatisfações nas relações entre universidade e escola também têm suas raízes no deslocamento do foco dos estudos educacionais: antes, centrado no aluno a partir das diferentes visões da Psicologia, o que não dava conta da complexidade das situações educativas; agora, voltado para a sala de aula e, com ela, para o professor, pouco considerado nas investigações sobre ensino-aprendizagem. Emerge, então, uma questão de fundamental importância – a relação pesquisador-professor, na qual a assimetria posta *a priori* precisa ser tomada como um dado que exige especial atenção. No caso da Prática de Ensino, a relação fica mais complexa por envolver o professor acadêmico e o professor da escola, o estagiário (professor em formação), e os alunos do ensino fundamental e médio.

Além disso, nas escolas os problemas a serem enfrentados não se acham circunscritos apenas na aprendizagem, mas em tudo que possa legitimar a educação formal como principal detentora da função social de apresentar para as novas gerações a cultura vigente, o que abala o modelo da *racionalidade técnica*, o qual estabelece métodos e resultados pré-fixados a serem atingidos pelos professores.

Nas novas propostas, a colaboração ou negociação entre especialistas e práticos está presente, mas permanece uma tensão entre professores universitários e professores das escolas: *Quem controla o que pode ser considerado como conhecimento sobre a prática educacional?* Há vários níveis de controle: o conceitual, metodológico, textual e de publicação.[1] Acrescentamos que às novas propostas devem ser incorporadas às novas políticas e concepções sobre conhecimento na formação de professores. *Qual o papel dos professores nessa produção de conhecimento?* São eles que têm experiência cotidiana com problemas de sala de aula, no entanto, não dispõem de meios formais para que seus conhecimentos se tornem literatura sobre ensino.

A intenção que nos moveu a fazer, em primeiro lugar, as colocações anteriores foi dar uma dimensão mais ampla à relevância que este livro adquire ao formalizar conhecimentos sobre ensino escritos por professores da universidade e da escola, e por professores em formação (estagiários). Consiste na publicação de uma *escrita* sobre a *experiência* que os autores partilharam de forma *colaborativa* – ação associada à formação das pessoas nela envolvidas. Como registro circunstanciado nesse contexto, "Prática de Ensino de Geografia e o Estágio Supervisionado" é uma realização que põe em movimento o tempo da experiência partilhada pelos autores, presente nas subjetividades das palavras de cada um, e objetivado no tempo de circulação deste livro através das leituras que outros fizerem dele. Em outras palavras, este livro é um meio para que os "tempos" de formação se tornem "tempos" de produção de conhecimentos, porque formar professores implica aproximar experiências entre professores, buscando a superação das distâncias criadas pelo tempo, pelo espaço e pelo lugar social que ocupam.

Aqui está uma parte das aulas sob a palavra da professora de Geografia, ao lado das palavras dos estagiários e de sua professora de Prática de Ensino. Por compartilharem o mesmo meio (livro), tornam-se *palavras compartilhadas*, portadoras de uma ética dialógica e de uma política de publicação que possibilita a transformação da prática curricular. Cada um dos capítulos amplia o foco sobre as práticas realizadas durante os estágios, dando visibilidade para as tramas de aproximação, sobreposição e descontinuidade entre as expectativas dos professores e dos estagiários.

Para os futuros alunos da licenciatura este livro estabelece elos com experiências de um tempo passado, como *memória* na história social do ensino de Geografia, que vem se formalizando sob a disciplina curricular "Prática de Ensino", que passou a ocupar um lugar central no currículo dos cursos de Licenciatura.

Para os leitores, professores universitários, professores das escolas ou graduandos, a leitura de alguns capítulos deste livro abre diálogo com momentos de estágios, nos quais dilemas próprios da profissão docente podem ser compartilhados. Outros capítulos apresentam orientações práticas para a realização de aulas de Geografia.

Acreditamos que, para a Elza este livro é um meio de, mais uma vez, externar seu cuidado de professora que tem prazer em compartilhar o que pensa (professa). Sua longa experiência no ensino de Geografia em escolas de nível fundamental e médio possibilitou-lhe refletir sobre as práticas de ensino a partir de uma dimensão mais próxima da escola e do professor, considerando que "o papel do professor é fundamental na constituição da teoria".[2]

Notas

[1] J. Elliott, Recolocando a pesquisa-ação em seu lugar original e próprio, em C. M. G. Geraldi & E. M. A. Pereira (orgs.), Cartografias do trabalho docente: professor(a)-pesquisador(a), Campinas, Mercado de Letras/ alb, 1998, pp. 137-152.

[2] Idem, Ibidem, p.142.

Introdução
Elza Yasuko Passini

Este livro é o registro de nossas aulas de Prática de Ensino de Geografia. Ele tem como proposta a identificação, análise de necessidades e discussão de possibilidades para intervenção nas escolas receptoras dos estagiários. Tanto os acontecimentos das aulas na universidade como aqueles dos estágios nas escolas de ensino básico tiveram para nós – sujeitos no processo de aprender, ensinar, avaliar e refazer – um significado especial. As rotinas vivenciadas em um ano letivo e descritas nos diários, somadas às entrevistas e observações, foram registradas e reescritas como capítulos deste livro.

É um desafio muito grande a busca de parceiros nas escolas receptoras, e sempre nos sentimos invasores de um espaço murado, com organização própria, com sujeitos de diferentes idades em formação, os quais mantêm uma rotina complexa. O espaço escolar é social, e torná-lo mais produtivo depende não só dos sujeitos, mas, fundamentalmente, dos sujeitos investigadores, que o observam e analisam suas possibilidades de mudança.

Todos os anos, ao iniciar o período letivo, temos a pretensão de produzir um livro com os diários das aulas de Prática de Ensino, dos estagiários e de professores regentes. Alguns desses diários, interrompidos

e resgatados em diferentes circunstâncias, foram publicados em forma de artigos, que utilizamos para motivar os alunos a fazer seus registros. O que sempre nos moveu foi a certeza de que

> paixão de ler e escrever
> ... *é só começar.*

Frustrava-nos a inconstância dos registros e nos desafiávamos a tornar os diários regulares e constantes. Nesse ano os alunos responderam aos nossos desafios e iniciaram seus diários, uns mais disciplinados que outros, mas nesta proposta de ação colaborativa os fragmentos foram tecendo a inteligência coletiva, e aqui está o resultado: um livro de Prática de Ensino de Geografia. Com esta publicação, esperamos participar da construção coletiva e receber críticas que impulsionem novas criações. Um livro é uma ideia em desenvolvimento: a "ideia" nasce e aos poucos toma forma em nossas mentes. Não é apenas a somatória das ideias individuais, mas também uma reinvenção de diferentes combinações tanto de forma como de conteúdo, provocando ações e reações enriquecedoras.

Gostaríamos muito que este livro fosse lido e analisado por alunos de licenciatura, professores de Prática de Ensino e de Metodologias de Ensino e por professores do ensino básico, para que o processo de construção da rede tenha continuidade, pois o avanço dos caminhantes ocorre no processo de seu caminhar.

Acreditamos que essa troca seja necessária, porque não é o diploma que nos torna professores, mas sim a história vivida e refletida como profissionais, a cada dia, a cada aula, a cada confronto com novos desafios. As nossas diferentes experiências refletidas podem ter pontos integradores e também conflitantes. Sonhamos com a possibilidade de ter os registros das práticas dos professores de Geografia de diferentes níveis de ensino nos próximos encontros. Os diários, com suas análises críticas, serão indicadores de que o nosso livro semeou dúvidas e diálogo com o professor pesquisador.

Acreditamos que a articulação teoria-prática-teoria e as discussões sobre as aulas planejadas e dadas nos estágios tenham gerado diferentes níveis de emoção e responsabilidade, e que estas, somadas a uma boa qualidade técnica e estética, tenham desenvolvido no profissional a inquietude pela busca do rigor científico do conteúdo. A autoavaliação dos alunos, relatando medos e sonhos na perspectiva de uma aula de boa qualidade, mostra esse compromisso.

É o desenvolvimento da inteligência emocional que abre ao aluno a possibilidade de se conhecer e a necessidade de incorporar o outro. Lutamos pelo desenvolvimento da autoconfiança do professor, para que ele possa também transmitir confiança aos alunos e conseguir exercer a liderança. É fundamental que o professor seja um bom líder, para criar na aula circunstâncias nas quais os alunos se sintam seguros e tenham confiança no seu trabalho.

A aula é como um jogo em que os participantes vão trabalhar para atingir uma meta: a aprendizagem significativa, que tanto professores como alunos devem almejar. O professor, como líder, precisa fazer um jogo de sedução e convencimento para que todos se sintam envolvidos e suficientemente comprometidos com o alvo a ser alcançado. O plano conhecido e decidido com os participantes tem, muitas vezes, caráter de uma negociação em relação ao alvo, ao cronograma, à sequência das etapas e às formas de avaliação.

Acreditamos em um compromisso coletivo baseado em respeito e confiança mútuos para a construção de uma relação de trabalho cooperativo. As avaliações dos alunos mostram esse movimento de melhora, principalmente na construção do profissional inquieto em busca de melhor qualidade. Esperamos ter participado da formação de profissionais reflexivos e convictos da necessidade de ser professor pesquisador de conteúdo, da forma e dos sujeitos do coletivo em construção.

Como elemento integrador entre as duas instituições de ensino, os estagiários contribuíram para a revisão das teorias, observando e

analisando a realidade visitada e vivenciada. Eles podem também retornar e contribuir para a melhoria das aulas de Prática de Ensino, com suas reflexões sobre a teoria praticada e a prática teorizada.

Ousamos caracterizar os estágios da Prática de Ensino como momentos de formação continuada para os professores regentes, associada à formação inicial dos alunos estagiários. Estamos propondo que tanto professores regentes quanto licenciandos se debrucem sobre a aula planejada, dada, observada e avaliada, utilizando-a como objeto de análise, investigação e reflexão.

O olhar sobre a prática da sala de aula, e mesmo – de forma mais ampla – sobre o espaço escolar, leva-nos a pensar em inúmeras possibilidades desafiadoras para provocar mudanças. O capítulo "Conhecimento do espaço escolar", traz o relato do percurso seguido pelos estagiários com o objetivo de entender a organização escolar, seus sujeitos e suas necessidades.

Precisávamos de um olhar honesto e profissional sobre a realidade. Os estagiários tinham o que relatar após um semestre de vivência em uma escola pública. Com a mente povoada de leituras e reflexões de conteúdos de Geografia, teorias do conhecimento, psicologia da criança, abordagens de ensino, conceitos sobre avaliação, metodologias de ensino e formas de criar e utilizar diferentes recursos pedagógicos, os licenciados fizeram uma leitura analítica das relações presentes, ausentes e necessárias no espaço escolar. Adequadas ou não, essas observações e avaliações nos auxiliaram no mapeamento da realidade das relações existentes no espaço escolar naquele ano letivo de intenso trabalho.

Os capítulos deste livro tratam dos diferentes momentos vivenciados pelos estagiários, por nós professores de Prática de Ensino e pelas professoras regentes.

O capítulo "Estágio em parceria universidade-educação básica" reflete as preocupações e angústias do professor regente que orientou os estagiários. É nítido o conflito vivenciado nessa parceria com a quebra da rotina, que ao mesmo tempo enriquece e aumenta a carga de trabalho.

O capítulo "Convite para inventar um novo professor" retrata o cotidiano das aulas de Prática de Ensino na perspectiva do professor da disciplina, com as discussões sobre forma e conteúdo e o permanente sonho de transformar a prática docente.

O texto de "A Prática de Ensino e o Estágio Supervisionado" retrata a rotina vivenciada no estágio na ótica dos estagiários, que sentiram o significado de exercitar a docência e fazem uma reflexão de como a aprendizagem de se tornar professor profissional não ocorre apenas na licenciatura ou nas aulas de Prática de Ensino, mas em todo o percurso do vivenciar das atividades de estudante.

Procuramos colocar também temas fundamentais na realização dos estágios como: "Planejamento"; "Recursos didáticos: do quadro-negro ao projetor, o que muda?"; "Avaliação no processo: aprender ensinando".

Alguns estagiários tiveram a ousadia de transgredir as leis e códigos da disciplina, colocando seus sonhos e medos. Eles escreveram como sujeitos psicológicos sobre as relações afetivas construídas no espaço escolar: "A didática da afetividade"; "Um diário da construção de respeito e afeto"; "A construção do conhecimento moral"; "O aluno, o professor e a escola".

As preocupações quanto à falta de motivação dos alunos percebida em algumas aulas foram retratadas por muitos estagiários. O capítulo "Aulas tediosas, alunos alienados" traz reflexões sobre as nefastas consequências das aulas de ouvintes desinteressados.

Algumas sugestões de métodos de ensino e reflexões metodológicas estão nos capítulos "Ensino de Geografia e produção de videodocumentário"; "Como aprender Geografia com a utilização de jogos e situações-problema"; "Convite para inventar um novo professor"; "Multimídia na escola: formando o cidadão numa 'cibersociedade'"; "Aprender Geografia em sala-ambiente" e "Alfabetização cartográfica".

Acreditamos que o diálogo entre a universidade e a escola básica esteja melhorando, mas continuamos nos sentindo invasores. O nosso sonho é que, sendo parceiros na pesquisa colaborativa, deixemos de nos sentir assim.

Estágio em parceria universidade-educação básica

Sandra T. Malysz

> "[...] não se pode observar uma onda sem levar em conta os aspectos complexos que concorrem para formá-la e aqueles também a que essa dá ensejo. Tais aspectos variam continuamente, decorrendo daí que cada onda é diferente de outra onda; mas da mesma maneira é verdade que cada onda é igual a outra onda, mesmo quando não imediatamente contígua ou sucessiva; enfim, são formas e sequências que se repetem, ainda que distribuídas de modo irregular no espaço e no tempo."
>
> Ítalo Calvino, *Palomar*

Na constante busca da construção do conhecimento geográfico, enquanto professores comprometidos com uma educação crítica, estamos sempre discutindo como e o que ensinar aos nossos alunos. São dúvidas que nos perseguem sobre uma escolha eficaz em relação ao conteúdo e aos procedimentos para ensinar Geografia numa perspectiva que estimule: a interpretação e a análise das diferentes paisagens; a leitura crítica dos acontecimentos nos diversos lugares; a compreensão de conflitos territoriais;

a desafinação que existe na sociedade globalizada; a conscientização das questões socioambientais na sociedade de consumo etc.

Não tem sido fácil trilhar os caminhos da construção, da análise e da pesquisa em um sistema de ensino que historicamente tem trabalhado com a descrição dos fatos e das paisagens. No entanto, a cada ano crescemos no processo de construção do conhecimento, criando alternativas de trabalho que considerem nossa realidade e permitam ao aluno a compreensão da organização e produção do espaço social.

A nossa responsabilidade com o ensino adquire outra dimensão quando trabalhamos com estagiários que observam nossas aulas e depois nos auxiliam para aprender conosco. Não temos receitas a passar a esses licenciandos em busca de respostas para seus anseios de profissionais em formação inicial. Não sabemos como dar aulas maravilhosas como eles esperam. Estamos construindo nosso cotidiano profissional também com dúvidas, pesquisas e, principalmente, com a observação de nossos alunos para entender como eles pensam e constroem o conhecimento.

Acreditamos que um projeto de estágio em parceria entre a escola básica e a universidade contribuiria para que nossas inquietações e questionamentos tivessem respostas.

> Será o estágio, na forma como tem sido realizado, uma experiência significativa e construtiva para os futuros professores de Geografia? Que crescimento os estagiários conseguem ter com nossas experiências de sala de aula? Qual o significado do estágio da Prática de Ensino de Geografia para professores e alunos da educação básica? Por que a experiência de estágio parece desmotivadora para muitos estagiários e alunos?

Os estagiários tinham que cumprir, por exigência da universidade, uma carga horária de aproximadamente 14 horas/aula em classes do ensino fundamental ou médio, no quarto ano do curso de licenciatura, nas formas convencionais de estágio de observação, participação e regência.

Como muitos estagiários não faziam seu estágio de regência na mesma turma na qual haviam realizado as observações e participações, a

relação entre os estagiários e os alunos não era construída com fluidez. O tempo que os estagiários permaneciam na escola não era suficiente para conhecerem a estrutura do colégio. A nossa carga horária e a quantidade de alunos por turma não nos permitiam orientar o trabalho dos estagiários conforme acordo firmado entre a professora de Prática de Ensino e a escola no início do ano letivo. Os estagiários elaboravam seus planos de aula sem considerar o cotidiano da escola e as características da turma. Eles tinham também muita dificuldade na administração do tempo, e planejavam muitas vezes conteúdo e atividades para o dobro do tempo das aulas, sem considerar o tempo de execução das tarefas dos alunos. Outras vezes, finalizavam as atividades muito antes do término da aula, propiciando um ambiente de ócio que facilmente se transformava em indisciplina. Os estagiários traziam da universidade pouca ou nenhuma experiência de prática e tinham dificuldade na transposição didática do conhecimento científico aos alunos. O tempo para planejamento, pesquisa, discussão e replanejamento era insuficiente, e eles acabavam reproduzindo no estágio o modelo de aula expositiva, com uso do livro didático e a exigência da disciplina rigorosa (utilizada no método tradicional).

Sobre esta questão, Pontuschka (1991) comenta:

> Há licenciandos que têm dificuldade em analisar seriamente o espaço da sala de aula e da escola no seu todo e veem somente os defeitos e, muitas vezes, pouco colaboram com o professor da classe na compreensão do ensino da disciplina. Isso realmente é mais um problema para o professor já desgastado pelo descaso com que a escola pública vem sendo vista. Mas há também professores que, ano após ano, devido ao compromisso que mantêm com a escola e com seus alunos, realizam projetos integrados extremamente interessantes e que são por nós indicados para receber estagiários. Hoje são esses mesmos professores que questionam a presença do estagiário. [...] O fato de ter estagiários aumenta o número de horas de permanência na escola, pelas necessidades de atendê-los com seriedade e discutir o próprio trabalho pedagógico; eles, junto com os professores de Prática de Ensino, estão contribuindo para a formação do futuro profissional e não recebem nada para fazê-lo. Consideram-no apenas sobretrabalho. (Pontuschka, 1991: 123)

Nas universidades os alunos dos cursos de licenciatura em Geografia raramente desenvolvem projetos de pesquisa destinados a compreender e propor alternativas para melhoria da qualidade no ensino fundamental e médio. Nas poucas vezes em que isto ocorria, não havia retorno para o colégio; eram experiências pontuais, muitas vezes apresentadas em congressos nos quais a presença de professores da educação básica não era expressiva.

Estamos em busca de uma parceria para que haja colaboração mútua entre as duas instituições, no sentido de que nas pesquisas em ensino tomemos a realidade da escola básica como objeto de investigação, possamos analisá-la à luz de teorias da ciência geográfica e da didática para, lado a lado, discutirmos possibilidades de mudanças.

Como coloquei no capítulo "Estudo do meio", o trabalho de campo realizado por professores do departamento de Geografia muito nos ajudaria, principalmente a termos contato com os instrumentos de medição e sondagem, observações e análises de fatos geográficos, levantamento e tratamento de dados e elaboração de mapas, croquis, gráficos e textos. Nossos estudos do meio podem ser enriquecidos, e ao mesmo tempo estaremos formando o investigador, utilizando o método de investigação científica com nossos alunos.

A participação em alguns eventos científicos de Prática de Ensino e de Geografia nos permitiu perceber que a escola pública do ensino fundamental e médio tem muito a contribuir com o curso de licenciatura, e a troca que se estabelece traz possibilidades de atualização teórica e metodológica para aulas de Geografia na educação básica.

Concomitantemente a essas nossas inquietações, os professores do curso de Geografia da Universidade Estadual de Maringá – UEM também se articulavam para uma mudança em sua grade curricular e ampliação da carga horária para o estágio, de acordo com as exigências da Lei n. 9.394/96. No ano de 2005, uma incipiente parceria se iniciou entre a disciplina de Prática de Ensino da UEM e

o nosso colégio. Aceitamos o desafio de discutir um novo modelo de estágio, com maior tempo de permanência dos estagiários no colégio e possibilidades de tê-los como nossos substitutos nas aulas para que participássemos de momentos de discussão e reflexão com professores de Prática de Ensino.

Em 2006, esses encontros de Prática de Ensino foram regularizados, e a formação inicial dos graduandos e a formação continuada dos professores da escola foram integradas. Essa modalidade de orientação de estágio foi transformada em curso de extensão: "Formação continuada em serviço e formação inicial – uma proposta de pesquisa colaborativa integrando universidade e escola básica". O projeto foi elaborado pelos professores de Prática de Ensino da universidade a partir de discussão conjunta com professores de Geografia da escola básica, considerando os alunos do ensino básico como sujeitos da aprendizagem e os estagiários como monitores. Os docentes das duas unidades de ensino acompanharam os passos e subsidiaram as equipes de trabalho, indicando e facilitando o acesso a fontes de pesquisa e sugerindo caminhos de articulação entre forma e conteúdo para que as aulas alcançassem os objetivos propostos. As reuniões de reflexões teórico-metodológicas tinham por objetivo tomar as aulas dos estagiários, nossas aulas e avaliações como objeto de discussões. Esses momentos, somados às autoavaliações e leituras, caracterizaram a nossa formação continuada com certificação.

Os alunos passaram a estagiar durante um semestre na escola, sendo um bimestre com a regência de classe. As aulas da regência passaram a ser planejadas em conjunto entre estagiários, professora de Prática e professoras da educação básica, com a contribuição dos professores especialistas do departamento de Geografia da UEM para aprimoramento teórico dos fenômenos geográficos. Não foram poucas as dificuldades com que deparamos, as quais nos fizeram repensar as estratégias utilizadas, replanejar e aprender.

Com o estágio no projeto-parceria, os alunos tiveram a oportunidade também de aplicar, entre outras modalidades de estágio: *estagiário como auxiliar*, em que o professor regente sugere o conteúdo e o estagiário atua como auxiliar em suas aulas, tendo a liberdade de escolher técnicas e recursos para enriquecimento da aula; *estagiário como parceiro*, em que o professor regente discute o plano de aula com o estagiário para adequá-lo ao nível de conhecimento e raciocínio da turma e também para que o período de estágio não interfira no planejamento do ano. O estagiário tem liberdade de ação e o professor regente fica disponível para atendê-lo nas necessidades circunstanciais, como perda de controle da disciplina e outras; *estagiário como substituto*, em que o professor regente se ausenta e deixa a sala totalmente sob a responsabilidade do estagiário, com o conteúdo e a forma da aula anteriormente discutidos e definidos.

Perseguimos o objetivo de educar o aluno para a pesquisa, utilizando o método de investigação científica, para que ele aprendesse a observar, buscar, tratar e representar os dados da realidade. Diferentes interpretações seriam incentivadas para que os alunos conseguissem perceber a diversidade de perspectivas que um fato geográfico pode ter. Para que o aluno entenda a atual produção do espaço como processo de construção da sociedade, sempre partimos do conhecimento empírico que o aluno possui. Nós, professores regentes da turma, conseguimos fazer esse caminho construindo ano após ano a relação de parceria com os alunos; no entanto, o estagiário é um transeunte temporário e é difícil sermos orientadores sem explicar como é a turma, qual o seu nível de raciocínio tanto emocional como intelectual. Difícil transitar entre sugerir, informar, dialogar sobre como poderia ser o melhor recorte do conteúdo e a melhor abordagem para cada turma. Dar a receita ou ensinar a elaborar a receita?

Todas essas questões poderiam ser resolvidas se tivéssemos poucas turmas de alunos e algumas duplas de estagiários; mas o trabalho de orientar dez duplas de estagiários atuando em diferentes turmas, com uma carga horária de quarenta horas semanais, dez turmas de quarenta alunos, como acontece na maioria das escolas públicas de ensino básico, prejudica a qualidade dos estágios e, consequentemente, a formação inicial desses futuros professores.

As dificuldades encontradas nessa parceria entre universidade e escola básica na construção e mediação do conhecimento podem ser sintetizadas na realização de trabalho em equipe, avaliação contínua e diagnóstica, manutenção da concentração e da disciplina para aprendizagem significativa e fim da relação tradicional entre professor, aluno e conhecimento.

Para acompanharmos as ações dos estagiários como verdadeiros orientadores e ao mesmo tempo podermos cumprir nossas metas de formação continuada com nossos registros sistematizados e atualização bibliográfica, necessitamos de mais tempo de hora-permanência, as horas de trabalho pedagógico (HTP).

A participação da professora de Prática de Ensino na escola básica com os estagiários continua tendo sua importância para o sucesso desta nova perspectiva de estágio, principalmente para vivenciar a realidade da escola básica, diferente daquela da universidade, e orientar, juntamente com a professora regente, os alunos estagiários em relação à prática pedagógica no ambiente do estágio.

Algumas pontuações nos ajudaram a conduzir nosso trabalho como professores regentes orientadores de estagiários, das quais destacamos:

Planejamento – foi uma exigência inicial tanto da professora de Prática de Ensino como de nossa parte. Após a escolha da turma e recorte do conteúdo, o estagiário deveria apresentar o plano de aula. Muitos estagiários entenderam essa tarefa como obrigação burocrática, pois fizeram um plano de aula e não o seguiram. Outros estagiários, ainda no mesmo espírito de cumprimento de burocracia, entregaram o plano de aula após a regência. As aulas dos estagiários que entregaram os respectivos planos da aula e os discutiram com o professor de Prática de Ensino e com os professores regentes foram de melhor qualidade tanto do ponto de vista do conteúdo como do ponto de vista da forma. As discussões do plano foram enriquecedoras, porquanto ficavam acertadas a questão do tempo, a adequação das atividades para a turma, e, principalmente, a abordagem de um diálogo construtivo motivando os alunos a colaborarem com elementos de seu cotidiano na construção dos conceitos.

Tempo – os estagiários tiveram muita dificuldade em administrar o tempo. Ora a aula planejada era muito extensa, ficando o tema interrompido, ora ela terminava antes do horário, deixando os alunos numa expectativa vaga.

Linguagem e voz – desde a primeira reunião entre a coordenadora da escola, a professora de Prática de Ensino e nós, professores regentes, pedimos muito cuidado com a linguagem, para que a relação de respeito entre alunos e estagiários não fosse prejudicada. Alguns estagiários têm tom de voz audível, boa dicção, porém outros falam muito baixo, talvez devido à insegurança, e necessitariam de um trabalho com impostação e reeducação da voz. Quando os alunos têm dificuldade em ouvir os estagiários, eles acabam se desinteressando e iniciam conversas entre si, o que pode prejudicar a concentração da sala.

Clareza dos objetivos – os alunos têm sempre o direito de saber o que se pretende naquela aula para que eles também possam se esforçar para atingir a meta. Muitas vezes, os estagiários não deixam claro o comando da atividade, fazendo com que os alunos não consigam desenvolver as tarefas solicitadas.

Quadro-negro (lousa) – é um recurso básico, nem sempre explorado adequadamente pelos estagiários. O quadro-negro é um recurso presente na sala e indispensável, na medida em que ocupa toda a parede da frente e fica visível o tempo todo. Colocar tópicos do tema, os objetivos a serem perseguidos, esquemas de condução de raciocínio no diálogo com os alunos na lousa, facilita ao professor e também aos alunos o acompanhamento da sequência da aula. Não obstante, o uso da lousa também precisa ser planejado, pois uma lousa com informações confusas atrapalha o raciocínio dos alunos. Precisamos sempre deixar clara a divisão do tema em unidades e subunidades, e mudanças de tema ou avisos fora do contexto devem ser colocados em lousa totalmente limpa. Os estagiários têm dificuldade em utilizar racionalmente a lousa, e acreditamos que, ao lado das possibilidades de recursos tecnológicos, essa ferramenta precisa ser utilizada com técnica adequada.

Com essa nova caminhada, os estagiários passaram a ser vistos pelos alunos como professores e, pelos professores, como professores auxiliares. O professor regente deixou de ser um mero espectador do estágio para se envolver com o trabalho, orientar o grupo de estagiários, suscitar a busca de novas estratégias de ensino-aprendizagem, discutir conceitos e instrumentos de avaliação. Os estagiários passaram a contribuir com a melhoria da qualidade do ensino, trazendo novas experiências para a educação básica e, trabalhando em duplas, dispunham de mais tempo para o aluno. Por outro lado, o professor regente, à medida que os estagiários adquiriam mais prática e segurança, passou a dispor de tempo para refletir e avaliar as próprias estratégias de ensino-aprendizagem. O acompanhamento e orientação das aulas dos estagiários nos possibilitaram perceber a aula em outra perspectiva e realizar uma releitura tanto do conteúdo como da forma.

É possível ultrapassar o mito da Geografia descritiva e trabalhar com uma Geografia analítica e interpretativa na formação do cidadão crítico.

A formação do aluno investigador no ensino básico contribuirá para que na universidade ocorra a continuidade do processo de melhoramento do profissional que não separe o ensino da pesquisa.

Essa modalidade de capacitação em serviço foi significativa para o professor da escola de educação básica, na medida em que nos possibilitou atualização e aperfeiçoamento profissional na nossa própria unidade de trabalho. Nessa experiência, a pesquisa e o ensino caminharam lado a lado, principalmente porque nos debruçamos sobre o ensino que praticamos para analisá-lo e perceber possibilidades de mudança. Trata-se de uma conquista e, para nós, um passo rumo à nossa autonomia intelectual e profissional.

Referências

7º Encontro Nacional de Prática de Ensino de Geografia: "Novos desafios na formação do professor de Geografia". In: *Geografares. Revista do Departamento de Geografia*. Centro de Ciências Humanas e Naturais, Univ. do Espírito Santo, Vitória, n. 4, 2004.

BRASIL. Secretaria de Educação Fundamental. Parâmetros Curriculares Nacionais de Geografia. Brasília, Ministério de Educação e do Desporto – SEF, 1998.

CALVINO, Ítalo. *Palomar*. São Paulo: Cia das Letras, 1994.

CNE. Res. CNE/CP 2/2002, *Diário Oficial da União*. Brasília, 4 mar. 2002. Seção 1, p. 9.

LDB. Lei n. 9.394, 20 de dezembro de 1996, Brasília, 1996.

MARTINI, Vera A. da Silva; MALYSZ, Sandra T.; PASSINI, Elza Y. Formação continuada de professores de Geografia da rede pública de escolas estaduais da cidade de Maringá – PR: uma realidade constatada. In: *Anais do 8º. ENPEG* – Formação do Professor e Prática de Ensino e Geografia. Dourados, 2005.

PONTUSCHKA, Nidia Nacib. A formação inicial do professor de Geografia. In: FAZENDA, Ivani Catarina Arantes et al., *A prática de ensino e o estágio supervisionado*. Campinas: Papirus, 1991, pp. 100-124.

A Prática de Ensino e o Estágio Supervisionado

Kim Saiki
Francisco Bueno de Godoi

> "Há necessidade do redimensionamento da formação do educador, o qual implica a negação de um tipo 'ideal de educador', uma vez que não tem sentido a definição da sua competência técnica em função de um conjunto de atitudes e habilidades estabelecidas a priori."
>
> Stela C. B. Piconez, *A Prática de Ensino e o Estágio Supervisionado*.

A Prática de Ensino e o Estágio Supervisionado são significativos nos cursos de licenciatura, e não deveriam ser realizados apenas como um cumprimento da grade curricular, mas sim contextualizados e comprometidos com a transformação social, unindo formação profissional e pessoal, responsabilidade individual e social. Deveríamos exercitar nosso profissionalismo na construção do conhecimento individual e coletivo, como professores e alunos, ambos cidadãos responsáveis e participantes. A nossa prática nos estágios deve incluir, além das reflexões e discussões sobre as metodologias de ensinar e aprender Geografia, o conhecimento do espaço escolar e as relações de produção dos sujeitos nos projetos diferentes momentos do calendário letivo: planejamento, reuniões, conselhos de classe.

A Prática de Ensino e o Estágio Supervisionado têm tido um caráter complementar na grade curricular do curso de Geografia, e percebemos ao longo dos quatro anos do nosso curso a dicotomia existente entre teoria e prática, cuja dificuldade de integração foram reveladas aos licenciandos por essas disciplinas.

Concordamos com Piconez (1991) que o contexto relacional entre prática-teoria-prática será possível apenas através dos estágios supervisionados, que exigem um período de observação, preparação e, por fim, a prática em um laboratório: a sala de aula. Durante a graduação nos limitamos a perseguir o conhecimento teórico. Portanto, nesse período o contexto relacional foi de teoria-prática-teoria. Nos trabalhos de campo a prática esperada muitas vezes é do professor, que faz no campo a demonstração de uma teoria. O palco é de prática, no entanto, a metodologia continua sendo a reprodução.

Nos estágios supervisionados colocamos as teorias em prática. Ao voltarmos à sala, nas aulas de Prática de Ensino, analisamos as experiências adquiridas à luz das teorias. O que ocorre é a articulação prática ↔ teoria ↔ prática ↔ teoria. Essa construção relacional é infinita, e quanto mais nos debruçamos sobre a teoria, mais nossa prática pode ser melhorada; quanto mais analisarmos as práticas, mais fundamentos podemos identificar, e a necessidade de busca pelo conhecimento fica instalada.

A Prática de Ensino e Estágio Supervisionado estão presentes em todos os cursos de licenciatura, e devem ser considerados como a instrumentalização fundamental no processo de formação profissional de professores. Assim, são segmentos importantes na relação entre trabalho acadêmico e a aplicação das teorias, representando a articulação dos futuros professores com o espaço de trabalho, a escola, a sala de aula e as relações a serem construídas.

O maior desafio encontrado por nós, acadêmicos dos cursos de licenciatura, foi a efetiva articulação entre o conhecimento adquirido durante a graduação e as necessidades dos alunos do ensino fundamental e médio. A dificuldade foi a transposição didática do conhecimento acadêmico, principalmente devido à falta de experiência com a rotina e dinâmica de uma sala de aula com os alunos de 11-17 anos.

> Como auxiliá-los a transitar do seu conhecimento empírico para o conhecimento científico, se mal sabíamos como eram seus esquemas de construção?

Diante dessa dificuldade, devemos, tanto alunos quanto professores de ensino superior, conscientizarmo-nos da necessidade de uma maior aproximação com a realidade dos colégios de educação básica.

Sugerimos que a integração com as escolas básicas seja contínua, durante todo o processo de formação do acadêmico, compreendendo que a "atividade docente é sistemática e científica, na medida em que toma objetivamente (conhecer) o seu objeto (ensinar e aprender) e é intencional, não casuística" (Pimenta, 1997).

No curso de Geografia, cujo objetivo é a formação de professores, sentimos a necessidade de discutir a importância da práxis na vida acadêmica de cada um dos graduandos e exercitar a prática praticando, exercitar o planejamento planejando, discutir a relação professor-aluno relacionando-se com alunos, aprender a avaliar avaliando atitudes, trabalhos, conhecimento em construção etc.

> A relação teoria e práxis é para Marx teórica e prática; prática na medida em que a teoria, como guia da ação, molda a atividade do homem particularmente revolucionária; teórica na medida em que essa relação é consciente. (Vasquez,1968: 117)

Portanto, tanto durante a formação do professor como posteriormente, na sua atuação em sala de aula, é indissociável a produção constantemente articulada entre teoria e prática. Na graduação, grande parte dos alunos não tem experiência de sala de aula, eles apenas construíram o conhecimento teórico. Por isso, num curso de licenciatura seria desejável uma maior valorização da disciplina Prática de Ensino, não se limitando a alguns meses de estágio em sala de aula. Para nós, embora tenhamos permanecido um semestre na escola, foi apenas uma introdução. Não conseguimos vivenciar integralmente todas as etapas do ensino: planejamento, preparação, execução, avaliação, replanejamento e ações paralelas, como recuperação e aulas de reforço. Houve um turbilhão de ações, trabalhamos muito, preparamos aulas com muita responsabilidade, pesquisando os temas sugeridos pela professora regente, consultamos professores do departamento, mas as ações aconteceram de forma fragmentada. As aulas foram programadas numa sequência, mas houve várias interrupções durante o processo que dificultaram a continuidade esperada para o programa. Tais interrupções são consideradas naturais no cotidiano escolar, porém foram inesperadas para nós, acadêmicos/estagiários; semana de jogos, reuniões pedagógicas, conselho de classe, palestras etc.

O estágio supervisionado tem um papel fundamental na formação do futuro professor. É o estágio tanto de observação e participação, como de regência, que possibilita ao aluno a vivência das relações no cotidiano escolar, adquirindo informações e habilidades para formar o novo profissional. O ensino é fundamentalmente baseado na relação entre experiência acumulada na prática e teoria construída, que a fundamenta direta ou indiretamente. Assim, como já expusemos anteriormente, a atividade de ensinar está ligada à prática, mas não é possível adquirir "prática" apenas no último período acadêmico. Para nos tornarmos professores, precisamos construir conhecimento profissional, que não é algo pronto e que podemos compreender apenas estudando a experiência dos outros. O conhecimento metodológico das ações em sala de aula será construído pela vivência em sala de aula, ao longo da carreira como professor. O nosso desempenho docente dependerá não exclusivamente, mas em grande parte, do nosso histórico acadêmico e das reflexões sobre a prática de ensino nos momentos em sala de aula, o estágio supervisionado. É preciso observar não apenas a aprendizagem do conteúdo, mas também as atitudes de seus futuros colegas de trabalho, dos alunos com o professor, dos alunos entre si, no pátio, na aula ou nos intervalos, enfim, das relações sociais visíveis e invisíveis.

É importante analisarmos alguns elementos que a disciplina Prática de Ensino tem oferecido aos graduandos. Primeiro gostaríamos de dizer que a prática de ensino não deveria ser apenas uma disciplina, mas deveria haver uma transversalidade da discussão metodológica entre todas as disciplinas do curso de licenciatura para uma formação plena do professor. Sentimos necessidade de um envolvimento maior entre alunos, professores da graduação e professores do campo de estágio. A elaboração de um projeto de estágio com todos os sujeitos participantes teria maior sentido e significado para os alunos. A responsabilidade de formação e qualificação profissional do aluno não poderia ser elemento apenas da Prática de Ensino e do Estágio Supervisionado, com prática em campo de apenas alguns meses. Deveria se tratar de uma totalidade envolvendo caracterização política e profissional ligada à atividade teórica e prática.

Conforme Pimenta (1997: 121), "Estágio é um componente do currículo que não se configura como disciplina, mas como uma atividade". Esta disciplina possibilita ao aluno uma experiência da atividade docente, mas não deve vir pronta e acabada, pois deve instigar o aluno estagiário a buscar novas maneiras de execução das tarefas de sua futura profissão. A disciplina Prática de Ensino e Estágio Supervisionado não pode ser um fim na formação do acadêmico, mas sim uma disciplina articuladora entre as disciplinas vistas durante todo o curso, a atuação na escola e em sala de aula.

A formação profissional não termina com a finalização do curso, ela é contínua e exige constante atualização. Nós continuaremos nossas investigações praticando e estudando sempre. Nesse ano as experiências em sala de aula foram muito significativas para nossa formação como professores. Não seriam elas mais efetivas se a Prática de Ensino pudesse estar no currículo desde o início do curso? A mudança nos métodos e abordagens de ensino nas aulas teria auxiliado como momentos de reflexão para a nossa prática docente.

Enquanto alunos, não estaríamos também tendo formação como professores?

Referências

PICONEZ, Stela C. B. *A Prática de Ensino e o Estágio Supervisionado*. Campinas: Papirus Editora, 1991, p. 16.

PIMENTA, Selma Garrido. *O estágio na formação de professores*: unidade, teoria e prática? São Paulo: Cortez, 1997, p. 83.

VÁSQUEZ, Adolfo S. *Filosofia da práxis*. Rio de Janeiro: Paz e Terra, 1968, p. 117.

Convite para inventar um novo professor

Elza Yasuko Passini

> "A escola começou com apenas alguns alunos ao redor de um professor. Sem quadro-negro, sem livros: um professor e um pequeno grupo de alunos. Ao longo de séculos, essa estrutura evoluiu, sem jamais deixar de estar centrada no professor. No século 21, o professor continuará sendo o centro do processo pedagógico, mas de uma forma diferente. Longe daquele tutor rodeado de cinco ou seis alunos, o professor será o maestro, o arquiteto e o engenheiro de um espetáculo composto por alunos em número variado de até milhões. Alunos espalhados pelo mundo inteiro, em endereços geográficos desconhecidos e que podem também desconhecer onde está o professor, que usará os modernos equipamentos de teleinformática para melhor interagir com eles."
>
> Cristóvan Buarque, *Formação e invenção para o professor do século 21*.

A formação de professores passa na atualidade por mudanças de paradigma, e talvez possamos incorporar o pensamento de Buarque (2006).

> Qual o lugar do professor em um mundo com a circulação de informações a uma velocidade que ultrapassa nossa lógica, baseada na escrita e na leitura? Como deve ser esse professor? Qual deve ser o objeto de discussão em nossas aulas de Prática de Ensino de Geografia nesse mundo turbilhonado pelas conexões em rede?

Conforme Castner (1995), os geógrafos utilizam três caminhos interativos para entender o mundo: observar o espaço, refletir sobre ele e representá-lo. Continuam importantes as habilidades da percepção e discriminação visuais e o tratamento, representação e análise de dados. O avanço está em extrapolar dos elementos que conseguimos distinguir visualmente para tópicos considerados em uma investigação geográfica. A partir daí, esses pontos da percepção se integram ao pensamento geográfico e seguem um caminho para aprender como realizar uma observação com discriminação. O professor pode vivenciar os passos do método científico de pesquisa com seus alunos considerando os princípios da investigação geográfica. Nesses passos, os recursos e fontes para os investigadores, professores e alunos buscarem as informações ficam na dependência das habilidades e competências técnicas de cada um e da infraestrutura oferecida no espaço escolar e familiar.

Na atualidade é preciso considerar a perspectiva da cibercultura nos trabalhos de pesquisa com acesso infinito às fontes, que não se organizam mais de forma linear, mas estão reunidas em uma "teia" com vários pontos de integração. Cabe ao navegador realizar suas buscas fazendo escolhas nos *sites* de informações e utilizar as ferramentas e mídias adequadas. Antes de indicar as fontes aos alunos, o professor deve conferir as informações em fontes seguras, pois, como sabemos, na internet circulam também dados não confiáveis.

Pensamos em uma lógica semelhante para traçar os objetivos, definir objeto e abordagem para o ensino de Geografia, nosso tema introdutório para as aulas de Prática de Ensino. Apoiamo-nos em Machado (1995) para entender a ideia do conhecimento em rede como entrelaçamento dos elementos de um tecido de diferentes cores, tonalidades, texturas, sem início nem fim, tal qual o conhecimento.

A construção do conhecimento em rede que ocorre na escola desafia todos os sujeitos e nos faz perceber outros ângulos do nosso trabalho, o da negociação e o da importância de saber trabalhar com os pontos de conflito e de tensão.

A disciplina Prática de Ensino exige uma negociação com outra instituição: a escola hospedeira dos estagiários. Percebemos a importância inestimável da colaboração dos professores regentes na troca estabelecida, e nosso desejo de deixar de ser invasores se renova a cada ano letivo. Queremos realizar um trabalho realmente integrado com os professores da escola básica e buscar a aprendizagem significativa da Geografia que todos almejamos.

O diálogo com a escola hospedeira tem caráter de uma negociação, porque precisamos considerar as necessidades dos estagiários em sua formação inicial, as necessidades dos professores e alunos da escola básica e as circunstâncias limitadoras de tempo e do sistema. Inicialmente precisamos conhecer os projetos pedagógicos e pessoais daqueles que trabalham e estudam na escola hospedeira, para negociar cronograma e projetos de forma respeitosa e flexível, tendo em vista o atendimento às várias partes. É na mesa de negociação que devemos colocar nossas metas, o que esperamos como resultado, como também ouvir dos professores o que esperam como resultado no final do percurso.

Nos pontos de tensão – como análise das observações dos alunos, sugestões para mudança do método de ensino, "avaliação das avaliações" –, é importante que possamos partir de conhecimentos comuns e sempre questionar os professores sobre suas dificuldades e como fariam a correção de rumo para melhorar o processo de aprendizagem dos alunos. É importante ouvir os professores em relação às suas necessidades e compromissos, para que haja abertura e receptividade das propostas em direção a ajustes na negociação que sejam vantajosos para as duas partes. Principalmente, devemos nos perguntar sempre se o que oferecemos realmente interessa à outra parte.

No departamento de Geografia da Universidade Estadual de Maringá, a disciplina Supervisão de Estágios e Prática de Ensino é ministrada em quatro semestres. No primeiro semestre os alunos realizam o estudo do espaço escolar e as relações em construção. No Anexo 1 colocamos uma sugestão de roteiro para conhecimento do espaço escolar, ferramenta auxiliar no planejamento das aulas, pensando os espaços, suas regras e recursos disponíveis. É um trabalho de diagnóstico e análise das possibilidades de mudança que os estagiários podem realizar utilizando plantas da escola, entrevistas, observações. Muitas vezes conversas informais com os funcionários nos ajudam a entender os meandros das relações que escapam à observação. Uma pergunta direta como "Você gosta de Geografia?" não traz desabafos mais íntimos como *tomara que a professora falte*. Na entrevista com os professores e coordenadores, os estagiários solicitam cópia do projeto pedagógico da escola e os planejamentos de Geografia de cada série.

No segundo semestre discutimos nas aulas de Prática as necessidades e possibilidades da escola hospedeira, considerando o estudo do espaço escolar anteriormente realizado, o projeto pedagógico da escola e o planejamento do professor regente para desenvolvimento das ações do terceiro e do quarto semestres. Estudamos o planejamento do professor regente e nos concentramos no terceiro bimestre do seu calendário para aprofundamento dos temas e simulação de práticas. No terceiro semestre os alunos observam e participam das aulas do professor regente para conhecer a turma, e discutem com ele as propostas de aulas elaboradas coletivamente na Prática de Ensino.

É nossa intenção que as aulas ministradas nos estágios de regência sejam planejadas em parceria com os professores regentes e professores de Prática de Ensino. Estamos exigindo muito rigor na seleção do

conteúdo que os estagiários devem "estudar", realizando tanto pesquisa bibliográfica como consulta aos docentes das disciplinas específicas do departamento, para aprofundamento do tema. Nas aulas de Prática de Ensino são discutidas as diferentes possibilidades de transposição didática, considerando o estudo realizado no primeiro semestre com os alunos, suas necessidades e campos de interesse. Esse estudo, com a lista de acervos de multimídia e da biblioteca, assim como as regras de funcionamento dos diferentes espaços, subsidia também a seleção dos recursos didáticos e a dos espaços alternativos para o trabalho.

A regência ocorre no quarto semestre da disciplina Prática de Ensino, praticamente no terceiro bimestre do ano letivo da escola básica. O último bimestre da escola básica é reservado para relatos, avaliação coletiva e autoavaliação de cada participante do projeto. Nesse momento avaliamos as possibilidades de prosseguimento, assim como as mudanças necessárias para a melhoria do processo de formação inicial e continuada na pesquisa colaborativa.

Desde 2003 abrimos negociação com algumas escolas básicas para propor a realização de uma pesquisa colaborativa: formar uma parceria de professores pesquisadores das duas instituições para tomar o trabalho da sala de aula um objeto de pesquisa. O objetivo foi a busca da qualidade na "forma" e o aprofundamento no "conteúdo" da Geografia ensinada. O ponto de tensão sempre é a escolha dos procedimentos didáticos, nem sempre concordantes entre as partes: professor de prática, professor regente e estagiário. Conflitantes são as discussões sobre concepção e instrumentos de avaliação com distanciamento entre propostas teóricas e a realidade.

As avaliações nos finais dos períodos letivos mostram que crescemos todos, professores do ensino básico, professores de Prática de Ensino e estagiários. Difícil saber se o desempenho dos alunos da escola básica teria sido melhor sem a intervenção dos estagiários ou se estes contribuíram significativamente para a melhoria da aprendizagem daqueles. Esse diagnóstico ainda precisa ser perseguido e é um dos pontos de renegociação, pois não há como reviver a aula em outra circunstância. Seriam os professores regentes que teriam a possibilidade de realizar essa avaliação comparativa. No dizer deles, houve momentos em que os estagiários auxiliaram bastante; por outro lado, os próprios professores regentes alegam que teriam conseguido melhores resultados se tivessem mais horas para preparação das aulas e não trabalhassem quarenta horas semanais. Realmente, na busca de caminhos para melhoria da qualidade de ensino sempre esbarramos com essa limitação que o sistema de ensino nos impõe.

A aula é um momento muito rico de significados; toda aula de todos os graus de ensino é um acontecimento social e cultural com diferentes sujeitos que reconstroem coletivamente um novo saber.

Qual professor para qual sociedade?

Temos que nos atualizar e virar a página da Geografia descritiva para discutirmos os fatos geográficos numa abordagem analítica e crítica. A nossa proposta é o desenvolvimento de circunstâncias em que o aluno consiga melhorar seus conhecimentos trilhando o caminho do investigador.

Objetivo da Prática de Ensino de Geografia

Na primeira aula sempre perguntamos aos alunos o que esperam da disciplina Prática de Ensino, e todos eles dizem: *"Aprender a dar boas aulas"*; e nos perguntamos o que seria uma boa aula de Geografia. Estariam eles preocupados com a forma? É possível aprimorarmos a forma sem conteúdo? Podemos dar aula sem conteúdo e sem conhecer os sujeitos da aprendizagem?

O que pretendemos ou qual a nossa expectativa ao formar professores? Que contribuições nossa disciplina pode oferecer para a aprendizagem significativa dos alunos da escola básica? Estamos conseguindo a reflexão do exercício da docência com os estagiários de forma analítica e crítica?

Sentimos necessidade de inventar um novo professor que conviva com as novas tecnologias e consiga fazer a transposição didática da Geografia acadêmica para a aprendizagem dos alunos do ensino básico. É preciso que esse novo professor crie circunstâncias desafiadoras para que os alunos trabalhem com operações e avancem do conhecimento empírico para o conhecimento sistematizado.

A responsabilidade da nossa disciplina é a formação do professor pesquisador, que, com sua postura, eduque seus alunos para serem pesquisadores, observadores, identificadores e analisadores de problemas e buscadores de soluções.

Conteúdo e forma para se conseguir uma aprendizagem significativa

O conteúdo e a forma são indissociáveis. Não há conteúdo sem forma para expressá-lo, assim como não há forma sem conteúdo para expressar.

A escolha do conteúdo para ensinar Geografia deve ser feita pensando na responsabilidade da formação do cidadão que precisa entender o mundo. A forma, a transposição didática, utiliza o conhecimento construído e as ferramentas da inteligência de que o aluno dispõe para que ele avance do conhecimento menor para um conhecimento maior. Não é simples como ler uma bula de remédio e aplicar a dosagem por faixa etária. Precisamos entender os mecanismos de construção de conhecimento para o tema a ser trabalhado: quais conceitos e habilidades serão estruturantes para que o aluno consiga passar do conhecimento empírico para o conhecimento científico.

Um exemplo de formação de pesquisadores foi-nos dado por Malysz (2005), professora do ensino básico hospedeiro que realizou um trabalho com os alunos de 5ª. série. Os alunos fizeram a observação sensível do tempo em três momentos do dia, durante uma semana, registrando as sensações de temperatura e umidade por meio de desenhos. Após esse trabalho, registrado em tabela, os alunos fizeram a leitura de instrumentos durante quinze dias, registrando também os dados em tabela e representados em gráficos. A construção da noção de tempo e a leitura de tabelas da variação térmica e pluviométrica de um período de quinze anos da cidade permitiram que os alunos diferenciassem a noção de tempo e clima. Um trabalho simples, sem aparato tecnológico, envolveu os alunos nas diferentes etapas da pesquisa científica, e eles construíram o significado de amplitude térmica, temperaturas máxima e mínima, cálculos das médias térmicas diárias, mensais e anuais e conceito de clima. O pesquisador não nasce pronto, precisamos formá-lo. Malysz (2005) formou alunos pesquisadores com sua postura de investigadora científica. A vivência que os estagiários tiveram com essa professora foi importante para que entendessem o significado de transposição didática do conhecimento acadêmico, incentivando os alunos para a pesquisa. Entenderam também como transitar do conhecimento prévio do aluno para a construção de um conceito.

O conhecimento não está no sujeito, não está no objeto, ele é construído na coordenação entre eles. A vivência de uma metodologia de pesquisa é uma circunstância favorável para essa coordenação, pois estimula no sujeito a utilização de suas ferramentas de inteligência e desenvolve habilidades como observação, identificação de problemas, levantamento e organização de dados, análise e representação dos resultados, comunicação de resultados e a percepção da necessidade de novas pesquisas.

O que ensinar e *como ensinar* continuam sendo objetos de discussão nas aulas introdutórias de Prática de Ensino de Geografia. Inicialmente, a leitura dos Parâmetros Curriculares Nacionais (PCN) e as propostas curriculares das secretarias de educação dos estados nos dão pistas sobre conteúdo e forma para trabalhar nos diferentes ciclos

do ensino fundamental e médio. Nosso compromisso, no entanto, é a formação do cibercidadão.

Vamos refletir com Lévy:

> Propor a utopia da inteligência coletiva é retomar o mito do progresso, do avanço para um futuro sempre melhor. [...] Ao coordenar suas inteligências e suas imaginações, os membros dos coletivos inteligentes provocam a abundância dos melhores, inventam um melhor sempre novo e em toda parte variado. Os intelectuais coletivos inventam línguas mutantes, constroem universos virtuais, ciberespaços em que se buscam formas inéditas de comunicação. (1994)

O trabalho de Galarneau (2006) é uma ferramenta auxiliar de navegação para que alunos e professores consigam transitar das dificuldades para o desvendamento e melhoria de habilidades com a cultura cibernética na elaboração de hipertextos. "A verdadeira incógnita é saber se os professores irão apossar-se das tecnologias como um auxílio ao ensino, para dar aulas cada vez mais bem-ilustradas por apresentações multimídia, ou para mudar de paradigma e concentrar-se na criação, na gestão e na regulação de situações de aprendizagem." (Perreunoud, 1999) Apostamos na segunda opção e que a nossa disciplina pode ter como objetivo a invenção desse "novo professor".

Tomemos cuidado para não nos desviarmos do objeto principal, o conteúdo de Geografia, suas teorias, conceitos e procedimentos de pesquisa. O licenciando deve resgatar as anotações de aula, bibliografias específicas das disciplinas, relatórios de trabalhos de campo de sua formação acadêmica. Deve também fazer a releitura de todo o material teórico à luz das teorias da aprendizagem e elaborar a transposição didática para alunos do ensino fundamental e médio, incluindo a multimídia ao lado de recursos tradicionais. No entanto, temos que ter cautela, como nos adverte Machado:

> [...] o computador é uma máquina muito limitada do ponto de vista cognitivo; é preciso não endeusá-lo. Ele é como um troglodita velocista, que realiza tarefas simples muito rapidamente mas é capaz de atrapalhar-se e

fracassar em coisas muito estúpidas. É preciso, portanto, pensar a Informática, a Cibernética e o computador dentro de um quadro de relações muito mais rico. As noções desenvolvidas constituem ingredientes fundamentais para esta conscientização, para esta alfabetização, para o enraizamento desta cultura informática, o que não se contrapõe, absolutamente, ao uso efetivo do computador. (1995)

Ler para entender, uma proposta para o professor profissional

A pesquisa bibliográfica sugerida aos estagiários inclui textos de Geografia e Didática e de profissionais que expressam suas preocupações sobre o rumo do ensino. A leitura de textos tem por objetivo óbvio o entendimento das ideias dos autores; entretanto, o grave problema atual da falta de hábito de leitura na sociedade em geral, e especificamente no meio estudantil, sugere-nos que as leituras não devam apenas ser recomendadas ou "cobradas" com fichamento. O professor profissional precisa ter a habilidade de ler, compreender e analisar, para incorporar as teorias e metodologias na sua autoformação continuada. Acreditamos que seja nossa obrigação desenvolver também essa habilidade na formação inicial dos nossos alunos. A cultura da "leitura como tarefa" parece ter desvinculado a leitura de sua compreensão e as possibilidades de assimilação de seu conteúdo. São desanimadoras expressões como: *"dei uma olhada"*, *"li por alto"* de alunos, professores em formação, que no ano vindouro estarão exercendo sua profissão.

Fundamentamo-nos em Molina (1989) para aplicar técnicas de leitura para compreensão. Ela sugere inicialmente o levantamento de palavras desconhecidas para elaboração de um glossário, com numeração dos parágrafos e linhas para facilitar a localização e significação das palavras no contexto. A discussão do conteúdo com sugestões de alternativas para o título e a divisão do texto com colocação de subtítulos nas subunidades também obrigam o leitor a perseguir a compreensão.

O leitor encontrará também um roteiro a ser trabalhado na leitura e interpretação de textos com alunos do ensino básico no capítulo "Recursos didáticos: do quadro-negro ao projetor, o que muda?"

Inicialmente sugerimos que os textos sejam lidos à exaustão, não apenas uma ou duas vezes, mas tantas quantas forem necessárias para assimilá-los e conseguir discuti-los consigo e posteriormente com o outro. Estranha sugestão, mas a hegemonia da cultura das imagens que se instalou nos obriga a fazer esse convite tautológico.

Após "entrar" no problema, colocamos um roteiro para que a leitura possa contribuir para a formação profissional dos alunos, como:

- ideia central de cada texto;
- indicar os pontos comuns existentes entre os textos;
- selecionar propostas aplicáveis dentre as apontadas pelos autores;
- elaborar uma proposta de ensino de Geografia que não seja de abordagem descritiva, e sim analítica, de levantamento de problemas e investigação das alternativas de solução.

Temos utilizado alguns textos para nortear nossas discussões sobre objeto de ensino da Geografia numa abordagem científica. Oliveira (1994) e Almeida (1992) alertam para a necessidade de se trabalhar a análise dos fatos geográficos na sala de aula, com abordagem científica, para que a transposição didática não seja uma simplificação da Geografia acadêmica. Os artigos veiculados na mídia, embora numa visão utilitária das ciências, podem ser incorporados em nossas aulas para discutir os métodos de ensino em transição.

A leitura dos textos anteriores sobre o ensino de Geografia, seu conteúdo e sua forma, e de outros de Didática, como Mizukami (1986), Freire (1986), Passini (2002), Macedo (1992), norteia as discussões sobre propostas para melhoria da qualidade de ensino.

Foi num desses diálogos que um estagiário disse entusiasmado ter descoberto como resolver o problema da indisciplina e melhorar a motivação dos alunos para aprender:

É simples, professora: vamos dividir a classe em dois grupos de 20 alunos. Quando fiquei com 20 alunos e o José com outros 20, trabalhamos bem, os alunos respondiam às nossas questões, executavam as tarefas com vontade, perguntavam suas dúvidas e a aula foi com produtividade 100! Vou sugerir isso ao diretor!

Vou também sugerir que no recreio não deixem os menores próximos às janelas das salas em aula.

Vou sugerir que os alunos tenham o dobro de horas, porque como as aulas são de apenas 50 minutos o tempo não é suficiente para o aluno refletir... É tudo muito rápido, o que leva o aluno a devolver as questões propostas com superficialidade, não há tempo para reflexão, pesquisa, discussão entre eles. É a superficialidade que desmotiva, eles não entendem direito e se dispersam.

Bonita proposta... No entanto, uma análise aritmética da proposta torna-a desanimadora: para dividir as salas de aula, teríamos que ter o dobro de espaço; para dobrar as horas de aula, teríamos que quadruplicar o espaço; e para termos um corpo docente para essa soma já quadruplicada temos que também quadruplicar o quadro de professores, onerando o orçamento.

Por que não podemos ter essa ousada aritmética? Certamente chegar a esses números foi um avanço, e conseguir expor a ideia dessa forma simples, principalmente após vivenciá-la, foi, além de uma proposta, uma discussão de possibilidades.

As aulas de Prática de Ensino devem ser o laboratório para se discutir, simular e avaliar essa transposição para capacitar o professor como profissional, para que nas escolas onde for trabalhar tenha autonomia para sugerir mudanças de métodos de ensino, ousadia para revolucionar os equipamentos de ensino e reorganizar o espaço escolar.

Temos o dever de formar professores profissionais e pesquisadores comprometidos com a cientificidade da Geografia escolar. Esse profissional precisa entender os caminhos do desvendamento do conhecimento construído pelo aluno e ajudá-lo a desenvolver o método científico de investigação, a discutir pontos de vista divergentes, a trabalhar como cientista, com pensamento analítico de uma informação seletiva e aprofundada.

Desvendando a coordenação entre o aluno e o conhecimento

O conhecimento não está no objeto e também não está no sujeito. A construção do conhecimento se dá na coordenação entre sujeito e objeto. Acreditamos ser função do professor identificar o conhecimento construído do aluno sobre o tema trabalhado e criar circunstâncias para que ele utilize suas ferramentas da inteligência e avance do conhecimento empírico para o conhecimento sistematizado e científico.

Fundamentamo-nos em Macedo (s/d) para entender como o aluno passa de um conhecimento menor para um maior. Conforme o autor, temos quatro elementos básicos em coordenação que proporcionam o avanço do conhecimento: o sujeito com seu conhecimento, o sujeito com suas ferramentas da inteligência, o objeto do conhecimento e as estruturas do objeto.

Quando o sujeito é apresentado a um novo conhecimento, na tentativa de desvendá-lo e entendê-lo em suas estruturas, ele utiliza as ferramentas da inteligência e realiza operações (observações, manipulações, comparações, separações, classificações, ordenações, análises etc.), tomando como referência seu conhecimento construído. Podemos citar como exemplo o caminho de desvendamento percorrido por uma pessoa diante do mar que ela vê pela primeira vez. O conhecimento sobre água é o do rio de sua cidade, e diante do mar ela se faz várias perguntas: *"é igual ao rio? São iguais, porque têm movimento e a água é fria; mas são diferentes, porque o rio sempre avança no mesmo sentido e o mar tem movimentos repetidos, vem e vai sempre. É diferente, porque a água do mar é salgada. O rio tem margens que eu conseguia ver, mas não consigo ver as margens do mar. É diferente porque é muito mais amplo, a perder de vista".* Essas questões que ela faz utilizando suas ferramentas da inteligência (comparação, análise, medição, observação) ajudam-na a entrar no novo objeto do conhecimento (o mar), desvendá-lo em suas estruturas: composição química, amplitude, movimento. A pessoa conseguiu avançar de um conhecimento menor (o rio que ela conhecia como único exemplo de massa de água extensa) para um conhecimento maior (incluindo o mar como outra possibilidade de massa de água extensa, com características semelhantes e diferentes).

Projetos interdisciplinares

Nós sabemos a complexidade e dificuldades para desenvolver projetos interdisciplinares na escola básica com professores de diferentes concepções, cargas horárias excessivas, classes superlotadas; no entanto, um projeto interdisciplinar complexo na sua elaboração pode trazer motivações diferentes tanto para o corpo docente como para o corpo discente.

O relato de Delizoicov e Zanetic (1993) mostra a trajetória das dificuldades e enfrentamentos como características da produção coletiva do conhecimento. Sobre a concepção de um trabalho interdisciplinar, há um esclarecimento que muitos conhecem, mas que é importante rever e discutir com os pares no momento da elaboração de projetos:

> A concepção de trabalho interdisciplinar adotada e construída ao longo desses quatro anos pressupõe um procedimento que parte da ideia de que as várias ciências deveriam contribuir para o estudo de determinados temas que orientariam todo o trabalho escolar. Respeita a especificidade de cada área do conhecimento. [...] Ao invés do professor polivalente, pressupõe a colaboração integrada de diferentes especialistas que trazem a sua contribuição para a análise de determinado tema.

Como adverte Fazenda (1991), o primeiro passo para a elaboração de um projeto interdisciplinar é "derrubar" o muro existente na separação das áreas do conhecimento e iniciar um diálogo aberto entre pares, sem hierarquia e sem medo de invasão.

Podemos analisar uma fotografia, um córrego, um parque, um quarteirão do espaço urbano na perspectiva das diferentes ciências.

> [...] é como se o fenômeno ou situação fossem vistos através de uma lente que os decompõe segundo as diferentes luzes do conhecimento (Física, Química, Biologia, História, Geografia, Artes etc.), permitindo revelar aspectos

fragmentados da realidade. Estes, integrados, permitem melhor compreensão daquele fenômeno ou situação. (Delizoicov e Zanetic, idem: 13)

Nossa experiência em um colégio estadual de Maringá foi produtiva, porque no final do ano, no encerramento, um aluno participante do projeto assim se expressou: *"Eu quero agradecer os professores porque foi o primeiro ano que eu entendi o que estava estudando e as coisas começaram a fazer sentido para mim"*. Visitamos o colégio para realização de estágios de licenciandos da Prática de Ensino, em 2003. O tema a ser trabalhado pelos estagiários em uma quinta série seria "Estudo da população brasileira". Debruçaram sobre o tema professores de Geografia, Ciências, História, Inglês e Matemática, para analisar as possibilidades de trabalho integrado. Como a classe era de alunos multirrepetentes, bastante desmotivados a refazer o processo sobre os mesmos temas já estudados tantas vezes, idealizamos tomar a população da sala como objeto de estudo. A utilização dos alunos como objetos de observação e dados motivou-os a participar da contagem, medições de altura e de peso e confrontação das identidades. Inicialmente, os alunos se postaram em ordem de altura junto à parede e posteriormente foram substituídos por fitas com identificação. Após o levantamento dos dados para construção da tabela de composição da população dos alunos por idade e gênero, elaboramos um gráfico de pirâmide de idade e de sexo no laboratório de informática, auxiliados pelos estagiários.

Paralelamente, em História, a professora trabalhou identidade, para que os alunos se sentissem sujeitos culturais, e não apenas números e quantidades em tabela e gráfico. Para alcançar esse objetivo, ela tocou a música "Aquarela" de Toquinho, distribuiu cópia da letra e analisou em cada estrofe o significado de identidade. Em todo o tempo percebíamos a motivação dos alunos a realizar as tarefas. Depois da análise da letra, a música foi tocada novamente com a participação emocionada de todos. Como a professora de Português não pôde participar do projeto, disse que poderíamos pedir um texto de leitura e análise do gráfico para que ela corrigisse. A análise desse texto foi utilizada por nós como instrumento de avaliação e nos permite dizer que os objetivos do trabalho foram alcançados.

Os professores de Educação Física, que entraram posteriormente no processo, auxiliaram bastante na formação de grupos e ordenação das atitudes para elaboração do gráfico na parede, os alunos representando a coluna da própria altura. Os alunos envolveram-se bastante no trabalho, revendo inúmeras vezes as medidas de altura e peso para se certificarem da exatidão delas. Assistindo a essa atividade externa dos alunos, o professor de Inglês se aproximou e contribuiu com nova leitura dos gráficos mediante o estudo dos adjetivos comparativos: igualdade, superioridade e inferioridade em relação a peso, altura e idade. Como o professor de Ciências propôs trabalhar com pirâmide de alimentação e tabela de peso e altura ideais por sexo e idade, o trabalho de comparação de dados ficou a cargo das disciplinas Matemática e Ciências. A professora de Língua Portuguesa utilizou um artigo de revista sobre obesidade infantil para leitura e interpretação, realizando uma análise gramatical das palavras para melhoria da compreensão do texto. O professor de Inglês fez a leitura do gráfico com os alunos utilizando os graus dos adjetivos: alto, baixo, jovem, velho, pesado, leve – uma aula simples, que ajudou os alunos a fazer uma segunda leitura do gráfico e significar o vocabulário em inglês.

O projeto durou um ano letivo, e no final do processo sentimos que houve uma aprendizagem significativa do estudo da população e das linguagens utilizadas: texto, tabela, gráfico e música.

Trabalhando com GPS

Em 2005, um grupo de estagiários[1] fez um trabalho de campo com alunos de quinta série utilizando um aparelho receptor de GPS (Global Positioning System). A unidade "Localização e Orientação" havia sido trabalhada com eles pela professora regente, e os estagiários sugeriram um trabalho de campo com o objetivo de identificar alguns pontos com latitude 23°27'30", utilizando o GPS, e traçar a linha imaginária do trópico de Capricórnio na planta da cidade.

Os recursos utilizados foram: aparelho de recepção de GPS, planta da cidade, material do aluno e texto informativo sobre o GPS.

Na aula anterior à saída a campo realizamos a leitura e interpretação de um texto informativo sobre GPS, IBGE (2004). Foi necessário trabalhar o vocabulário específico com cuidado para que eles entendessem o significado das medidas angulares das coordenadas geográficas e o funcionamento do GPS baseado numa "constelação de trinta satélites" distribuídos por seis órbitas em torno da Terra. Eles ficaram surpresos ao saber que a altitude da órbita dos satélites artificiais foi calculada de modo que cada um deles passe sobre o mesmo ponto da Terra num intervalo de 24 horas.

Nessa aula introdutória foram também realizadas práticas de manuseio para utilização do instrumento (ver Anexo 4).

A saída a campo foi administrada com tranquilidade pelos cinco estagiários, que haviam planejado os locais de parada para utilização do GPS nos três pontos com a latitude 23°27'30"S, assim como escolhido o local de recreio dos alunos. Dentro do ônibus os alunos receberam uma cópia da planta da cidade na qual eles marcavam as ruas por onde passávamos.

De volta à sala, foi feita a ligação entre os pontos de latitude 23°27'30"S marcados na planta, chegando ao traçado do trópico de Capricórnio na cidade. Ainda foram retomados o trajeto e as noções de localização, orientação e linha imaginária.

Em todos os momentos sentimos a motivação dos alunos em verificar a latitude do local na tela do aparelho receptor de GPS.

> A passagem dessa aprendizagem "pontual" para generalizar e entender as coordenadas geográficas como uma rede de pontos georeferenciados que permitem a localização de um ponto exato na superfície terrestre

> certamente será facilitada com essa "aula prática" que acreditamos tenha sido "estruturante". Esperamos ter instigado os alunos a conhecer melhor o funcionamento de um GPS, as diferentes informações que podemos adquirir através da exploração de suas várias funções. (Zaparoli et al., 2005)

Uma aula isolada não nos permite uma avaliação de conhecimento, mas certamente essa aula prática contribuiu para que os alunos conhecessem como funciona um aparelho de recepção de GPS. Pelo seu manuseio conseguiram visualizar as coordenadas de diferentes pontos do espaço da cidade que unidas permitiram traçar a linha imaginária do trópico de Capricórnio. O que isso acrescentou no conhecimento daqueles alunos só a professora regente e outras das séries seguintes poderão dizer.

Avaliação contínua e coletiva

As avaliações da disciplina Prática de Ensino de Geografia têm diferentes faces, e contemplá-las é uma tarefa complexa. Os participantes do projeto precisam assumir uma avaliação contínua no próprio processo de construção, porque não devemos ter expectativas de que a avaliação trará resultados absolutos de acertos e erros. Como parte do processo, ela nos dá indicadores para mudanças no percurso, nos dados coletados ou nos critérios de análise.

As avaliações do primeiro e do segundo semestre dos alunos de Prática de Ensino II em 2006 indicam um crescimento na responsabilidade profissional, e muitos alunos foram tocados pela paixão de escrever! A primeira avaliação (ver Anexo 5) foi respondida de forma sucinta, mero cumprimento de dever; no entanto, a segunda avaliação, realizada no final do segundo semestre, foi quase "romanceada" por alguns alunos-autores. Eles se libertaram da obrigação dos relatórios e se tornaram escritores, relatando suas experiências no estágio com "sentimento", expondo o próprio ponto de vista e ao mesmo tempo articulando teorias lidas e diferentes pontos de vista discutidos na aula, um verdadeiro "laboratório de pensar e escrever".

Os estágios são avaliados em reuniões com professores regentes, que preenchem uma ficha e expressam suas preocupações em relação à formação dos estagiários, assim como avaliam o rendimento dos próprios alunos no período das regências (ver Anexo 2). São momentos também de autoavaliação das três partes: professor de Prática de Ensino, professores regentes e estagiários.

Em 2006 as questões mais recorrentes foram a falta de tempo entre planejamento e regência por parte dos estagiários, e, por parte dos professores regentes, a falta de tempo para leituras sugeridas para que as orientações bilaterais tivessem caráter de formação continuada.

Convidamos o leitor a avaliar a formação dos alunos através dos textos deste livro, analisando suas preocupações e propostas alternativas como professor profissional.

Vamos todos caminhar juntos, professores de Prática de Ensino e professores do ensino básico, para construirmos a escola dos nossos sonhos.

Nota

[1] Fabiana C. M. Zaparoli, Alan C. Fontana, Nelson M. Camargo, Kiara J. Benevento, Marciani S. Samsel.

Referências

ALMEIDA, Rosângela Doin de. A propósito da questão teórico-metodológica sobre o ensino de Geografia. São Paulo: Terra Livre, nº 8, pp. 83-90.

BUARQUE, Cristovan. Formação e invenção do professor do século 21. <www.reescrevendoaeducacao.com.br>, acessado em 9 de maio de 2006.

CASTNER, Henry. *Discerning New Horizons*: a perceptual approach to geographic education. Indiana: National Council for Geographic Education, 1995.

DELIZOICOV, Demétrio; ZANETIC, João. A proposta de interdisciplinaridade e o seu impacto no ensino municipal de 1º. Grau. In: PONTUSCHKA, Nídia Nacib. *Ousadia no diálogo, interdisciplinaridade na escola pública*. SãoPaulo: Edições Loyola, 1993.

IBGE. *Atlas geográfico escolar*. Rio de Janeiro: Instituto de Geografia e Estatística, 2004.

LÉVY, Pierre. *A inteligência coletiva*: por uma antropologia do ciberespaço. São Paulo: Edições Loyola, 1994.

MACEDO, Lino. *O funcionamento do sistema cognitivo e as derivações no campo da leitura e da escrita*. Mimeo. São Paulo: IPUSP, s/d.

MACHADO, Nilson José. *Epistemologia e didática*: as concepções de conhecimento e inteligência e a prática docente. São Paulo: Cortez Editora, 1995.

MALYSZ, Sandra Terezinha. *Proposta metodológica para construção do conceito de tempo atmosférico e clima*: linguagem cartográfica como forma. Maringá, 2005. Dissertação de mestrado. Programa de Pós Graduação em Geografia.

MIZUKAMI, Maria da Graça Nicoletti. *Ensino*: as abordagens do processo. São Paulo: EPU, 1986.

MOLINA, Olga. *Ler para aprender, desenvolvimento de habilidades de estudo*. São Paulo: EPU, 1992.

PERRENOUD, Philippe. *Novas competências para ensinar*. Porto Alegre: Artmed Editora, 1999.

PONTUSCHKA, Nídia Nacib. *Ousadia no diálogo, interdisciplinaridade na escola pública*. SãoPaulo: Edições Loyola, 1993.

ZAPAROLI, Fabiana C. M.; FONTANA, Alan; CAMARGO, Nelson M.; BENEVENTO, Kiara J.; SAMSEL, Marciani S. *A utilização do GPS como instrumento de orientação e localização, experiência numa turma de 5ª. série do ensino fundamental*. Maringá, 2003. (Relatório de estágio na disciplina Prática de Ensino de Geografia) – UEM/DGE.

Conhecimento do espaço escolar

Elizabeth Cristina Macceo Sato
Silvia Renata Fornel

> "O conhecimento do cotidiano é, a nosso ver, fundamental para o homem comum ou profissional de base, pois a partir deste saber ele poderá planejar e atuar no cotidiano de maneira a preparar mudanças no âmbito institucional".
> Sonia Penin, *Cotidiano e escola, a obra em construção*.

A história nos mostra que, a partir do avanço da indústria, surgiram novas teorias sobre a organização do trabalho, entre elas a de Taylor, que se tornou muito conhecida. Segundo ele, é preciso selecionar o trabalhador de acordo com suas habilidades, classificá-lo e ainda treiná-lo e aperfeiçoá-lo para a racionalidade científica, no sentido de se conseguir máxima produção com o mínimo de tempo e de esforço. Tudo era estudado meticulosamente: a posição das máquinas, cadeiras, disposição das ferramentas, luminosidade etc.

O objetivo da divisão do trabalho era a especialização de cada trabalhador em sua área de atuação, tendo em vista que "o mesmo homem não pode estar em dois lugares ao mesmo tempo; o campo de conhecimento e da técnica é tão grande que um homem, dentro do espaço de sua vida, não pode conhecer dele senão uma pequena fração" (Gulich, em Wahrlich, 1986: 23).

Ao estudar a proposta da racionalidade no trabalho de Taylor e percebendo que a escola carece deste tipo de análise, planejamos conhecer e analisar o espaço escolar nessa perspectiva.

Nosso objetivo de conhecer o espaço escolar estava relacionado também a outro objetivo específico: o de estruturar os nossos estágios tanto de observação e participação como de regência.

> Conhecer a organização do espaço escolar e as relações entre os sujeitos é uma necessidade, na medida em que a aula não é um acontecimento isolado de uma sala, mas está inserida no espaço social de uma instituição de ensino.

Ao pensarmos no estudo da organização do trabalho na instituição escolar, incluímos a aprendizagem dos alunos e o trabalho de todo o corpo de educadores, nele compreendido também o pessoal de apoio, com vista à melhoria da qualidade de ensino. Deve ser contínua a perseguição da melhoria da produtividade de todos os sujeitos atuantes nas atividades escolares, sendo preciso organizar e dividir as tarefas de acordo com cada função. Há carência, na literatura, de uma análise funcional e objetiva dessa organização, principalmente que tome uma escola específica, realize um estudo de caso da rotina de seus sujeitos, da estrutura existente, e proponha melhorias.

Para tanto, através de observações e entrevistas com os funcionários de cada setor, tentamos conhecer os horários, as normas de funcionamento e as estruturas existentes no espaço da escola onde realizaríamos nosso estágio. As observações na identificação das necessidades foram registradas em relatórios e fotos para posterior análise nas aulas de Prática de Ensino.

De posse desses relatórios, realizamos um estudo das possibilidades de melhoria da circulação, da organização de material (biblioteca, mapoteca, videoteca) e das relações interpessoais.

O trabalho no espaço escolar não é mecânico, é de sujeitos coletivos, e o objetivo final não é um produto material ou o lucro, e sim a apropriação do conhecimento e enriquecimento intelectual de toda a comunidade escolar; portanto, nesse espaço social de construção, cada participante precisa agir cooperativamente, com a intenção de complementar o trabalho do outro, colaborar para a formação da equipe principalmente quanto aos objetivos comuns: a melhoria das circunstâncias da aprendizagem.

Formamos a equipe de apoio com o objetivo de entender as relações produzidas no espaço escolar e, principalmente, identificar necessidades e estudar as possibilidades de resolvê-las dentro das nossas limitadas condições financeiras e especialmente temporais.

Pensamos estar dando alguma contribuição ao identificar as necessidades e sugestões para sua superação, caberia à escola e outras instâncias do sistema desvendar possibilidades junto ao FUNDEF (Fundo de Desenvolvimento do Ensino Fundamental), ao FUNDEB (Fundo de Desenvolvimento do Ensino Básico) e ao PROINFO (Programa Informática nas Escolas) etc., que dão apoio financeiro e material para as escolas públicas.

Nosso objetivo era, mediante o diagnóstico das necessidades, propor caminhos para auxiliar os professores e estagiários em regência naquela instituição, favorecendo o trabalho pedagógico nas aulas de Geografia através da organização de materiais didáticos e outros recursos disponíveis na escola.

Dentre as inúmeras necessidades, elegemos a organização dos mapas, por sugestão dos próprios professores de Geografia da escola, pois a falta de classificação e armazenamento adequado prejudicavam de forma recorrente a ação dos professores e estagiários. Eles estavam sem classificação, sem identificação e distribuídos em diferentes espaços: biblioteca, sala de professores, saleta sob a escada, sala de materiais de Geografia. A certeza de que não podemos pensar em aula de Geografia sem mapas nos impulsionou a tomar essa tarefa como prioritária.

Sabemos da importância dos recursos didáticos adequados para dar suporte às aulas de Geografia. O trabalho de identificação, classificação, organização e armazenamento dos mapas em local adequado certamente facilita aos professores o acesso a tal material, otimizando o trabalho e, consequentemente, a produção dos alunos. A escassez de recursos nas escolas torna importante a organização, conservação e armazenamento sistematizado do material disponível. É através dele que o professor pode facilitar o processo de ensino e aprendizagem, aproximando teoria e prática, possibilitando a visão da realidade aos alunos em idade de pensamento concreto.

Segundo Oyafuso e Maia (1998: 13), é possível afirmar que a autonomia de uma escola se constrói a partir de três eixos fundamentais: a capacidade de identificar problemas, a capacidade de aprender alternativas para solucioná-los e a capacidade de administrar recursos financeiros próprios correspondentes a essas alternativas.

Dessa forma, o plano escolar é um instrumento que permite aos educadores, à equipe técnico-pedagógica e à equipe de apoio desenvolver com competência a proposta educacional de sua escola. Ele deve ser simples, flexível e adequado a cada realidade, identificando os problemas e administrando-os na tentativa de solucioná-los. Para tornar o plano escolar eficaz, precisamos ter um conhecimento prévio da condição socioeconômica e cultural da comunidade onde a escola está inserida, identificar as necessidades dos alunos e priorizar ações eficientes para a melhoria do desempenho deles no processo de ensino e aprendizagem.

Inicialmente, o plano contemplava o estudo dos demais espaços escolares – como a biblioteca, a sala com coleção de rochas, a sala de vídeo e o laboratório de informática – assim como a circulação dos alunos no espaço escolar; no entanto, centramos o nosso trabalho apenas na classificação dos mapas, padronização das etiquetas e armazenamento em local apropriado para facilitar o acesso a esse material.

No decorrer do trabalho, ao percebermos a importância de compartilhamento do diagnóstico de necessidades e dos caminhos a serem propostos para sua superação, sugerimos que as ações mencionadas fossem executadas de forma regular pelos sujeitos do espaço escolar, como uma rotina, pois, sendo a escola uma célula da sociedade, com conflitos, diferentes ideais e diferentes classes sociais, ela pode ser estudada como objeto de investigação da Geografia.

A escola tem diferentes espaços de convivência, todos com funções determinadas. Podemos fazer o estudo desse território para a construção de conceitos de Geografia como o de uso do solo, densidade demográfica, espaço geográfico com seus fixos e fluxos, utilizando uma planta baixa da escola. A análise da circulação das pessoas com registro das ações dos sujeitos na planta da escola pode trazer à tona problemas e soluções para situações não perceptíveis. Por exemplo, na escola onde os estagiários trabalharam em 2005, havia muito ruído em determinadas salas que ficavam contíguas ao pátio, onde o recreio de uma turma ocorria simultaneamente com aulas em outras. Verificamos também situações de circulação de alunos nos corredores próximos às salas da administração, tumultuando o trabalho da secretaria.

Esse estudo tem por objetivo a racionalidade no uso do espaço escolar com vistas à melhoria da qualidade do seu ambiente. Ele pode ser proposto para que os alunos investiguem o espaço de sua vivência construindo conceitos de Geografia e desenvolvam também habilidades como: observações, levantamento de problemas, análise das situações e estudo das possibilidades.

É importante que os alunos utilizem uma planta baixa da escola e registrem nela suas observações e propostas. Essa forma de estudo não apenas provoca o aparecimento de soluções para problemas latentes, mas, principalmente, desenvolve responsabilidades entre os sujeitos daquele espaço, por se conscientizarem dos problemas e terem participado das discussões das sugestões de melhoria.

À construção de conceitos e ao desenvolvimento de habilidades de investigação utilizando um método científico somam-se a construção do conhecimento moral e o desenvolvimento de valores como responsabilidade, cooperação, respeito e tantos outros. Um trabalho que faz o aluno perceber-se sujeito do espaço é significativo para o desenvolvimento da cidadania, par da autonomia intelectual.

É uma proposta válida para qualquer série, porque em cada idade o aluno terá um determinado nível de leitura e possibilidades de cooperar com o estudo das soluções. As atitudes para conservação tanto dos ambientes como do patrimônio concorrem para que não haja necessidade de conflito entre aqueles que realizam a manutenção e os outros usuários. Todos serão sujeitos e responsáveis naquele espaço social.

Referências

WAHRLECH, B. M. S. *Uma análise das teorias de organização*. 5. ed. Rio de Janeiro: Fundação Getúlio Vargas, 1986.

MILANESI, L. *Ordenar para desordenar*. 2. ed. São Paulo: Brasiliense, 1989.

OYAFUSO, A.; MAIA, E. *Plano escolar*: caminho para autonomia. São Paulo: Cooperativa técnico-Educacional, 1998.

PENIN, Sonia. *Cotidiano e escola, a obra em construção*. São Paulo: Cortez, 1989.

Planejamento

Natálie Roncaglia Scandelai

> "O conhecimento é, pois, uma aventura incerta
> que comporta em si mesma, permanentemente,
> o risco de ilusão e de erro".
> Edgar Morin, *Os sete saberes
> necessários à educação do futuro.*

Qualquer projeto ou trabalho exige um planejamento, e em relação às escolas acontece o mesmo. O planejamento é uma ferramenta tão importante para a administração escolar, que está prevista no calendário do ano letivo a semana do planejamento no início de cada semestre, e no segundo semestre, considerando-se os resultados das avaliações assim como o ritmo das aulas do primeiro semestre, é feito o replanejamento.

Nas aulas de Prática de Ensino de Geografia trabalhamos o planejamento como conteúdo necessário a um bom desempenho nas aulas, assim como realizamos nossos estágios com planejamento. A falta de planejamento ou a falta de seriedade na sua elaboração podem implicar fracasso das aulas ministradas, porque geram improvisação.

Segundo Libâneo (1994: 222), o planejamento da aula está intrinsecamente ligado ao plano da escola e ao plano de ensino, pois é nele que se faz a conexão entre a atividade escolar e o contexto social dos alunos, sendo o planejamento "[...] a atividade consciente da previsão das ações docentes, fundamentadas em opções político-pedagógicas, e tendo como referência permanente as situações didáticas concretas [...]".

O planejamento escolar, assim como o planejamento das aulas, segue algumas diretrizes fundamentais, como:

- garantir a articulação entre as tarefas da escola e as exigências do contexto social;

- garantir vínculo entre o posicionamento filosófico, político-pedagógico e profissional e as ações que o professor irá realizar, através de definições de objetivos, recorte de conteúdo, métodos e formas de ensinar, recursos didáticos a serem utilizados, instrumentos e momentos de avaliação.

Libâneo (1994: 224) destaca outras duas diretrizes que asseguram a racionalização, organização e coordenação do trabalho docente, para que evitemos a improvisação e a repetição: selecionar o material necessário e as tarefas a serem executadas e repensar o plano diante de novas situações.

Ele nos alerta sobre a necessidade de termos sempre em mente que o plano é um "guia de ação", passível de mudanças sempre que necessário. Devemos seguir uma ordem lógica, uma sequência, mas devemos também ser flexíveis sempre que as respostas ou dificuldades dos alunos nos indicarem necessidade de mudanças. Essa flexibilidade mostra a interação entre o sujeito e o objeto do conhecimento na ação docente. O plano deve ser coerente, ou seja, articular de uma maneira lógica o conteúdo e a forma na perseguição dos objetivos propostos. A avaliação, como parte do processo de ensino e aprendizagem, também deve ser planejada para que consigamos saber se os objetivos estão sendo alcançados.

Segundo Libâneo (1994: 224)

> Se temos em mente que não há ensino sem consolidação de conhecimento, a nossa avaliação da aprendizagem não pode reduzir-se apenas a uma prova bimestral, mas devemos aplicar muitas formas de avaliação ao longo do processo de ensino.

O plano de ensino tem por objetivo a

> [...] previsão dos objetivos e tarefas do trabalho docente para um ano ou semestre; é um documento mais elaborado, dividido por unidades sequenciais, onde aparecem objetivos específicos, conteúdos e desenvolvimento metodológico. Já o plano de aula é a "previsão do desenvolvimento do conteúdo para uma aula ou conjunto com caráter bastante específico". (Libâneo, 1994: 225).

O plano de aula é o detalhamento do plano de ensino específico para uma aula. Ele pode ser um documento escrito, no qual estão contidos os objetivos, os recursos, os procedimentos, a dinâmica e a avaliação. O plano de aula é quase um documento particular do professor, no qual ele coloca a ordem das ações que pretende adotar na aula, com detalhes sobre recursos a serem utilizados em cada etapa do processo, as atividades possíveis etc. Muitos professores colocam também lembretes sobre conceitos a serem desenvolvidos, exemplos das aulas anteriores a serem resgatados, experiências relatadas pelos alunos a serem solicitadas. Dizemos que o plano de aula é um documento particular porque fica na dependência de cada profissional a necessidade de detalhamento das ações ou apenas de tópicos ordenados.

> Após a definição dos objetivos, conteúdo e forma da aula a ser ministrada, é importante que façamos um verdadeiro estudo na preparação das aulas, pois é um ensaio das ações de utilização de recursos e de desenvolvimento do tema, tendo em vista os objetivos expostos.

Embora saibamos que a avaliação é uma ação contínua inserida no processo de ensinar e aprender, é importante que alguns instrumentos de avaliação sejam também planejados tendo-se em vista os objetivos propostos.

O plano de aula deve ser flexível para ser modificado conforme as necessidades circunstanciais. Entendemos que deva ser quase uma negociação no coletivo da aula, porque tanto professores como alunos podem perceber a necessidade de mudanças e propor alternativas. Essas mudanças podem ser não só na ordem das ações e no recorte do conteúdo como na abordagem. Podemos dizer que é uma negociação, porque muitas vezes as mudanças podem envolver o tempo, os instrumentos de avaliação, o espaço e a sequência de outras unidades previstas no plano do ano.

No nosso estágio vivenciamos essa necessidade de ser flexível em relação ao plano de aula elaborado. Na unidade "Região e regionalização do mundo", havíamos planejado uma discussão com alunos sobre dificuldades de dividir o mundo em regiões culturais devido aos movimentos migratórios e inserir os temas preconceito e atitudes xenófobas de determinados povos. Mas a aula teve um desvio norteado pelo interesse dos alunos em relação aos conflitos e guerras que estavam ocorrendo naquele momento entre países no Oriente Médio. Desistimos do texto programado para leitura e interpretação e abrirmos um debate sobre os conflitos étnicos e atitudes xenófobas de alguns povos. Os alunos participaram com entusiasmo do debate e se mostraram informados sobre acontecimentos da atualidade. Mesmo sabendo que essas informações muitas vezes têm influência da mídia, o debate possibilitou a participação dos alunos, tornando a aula "viva"; e ainda acreditamos que a aula tenha servido para que eles se interessassem em ouvir notícias sobre outros países onde estão ocorrendo problemas de xenofobia. Dessa forma, aceitamos a abordagem sobre o tema preconceito que o coletivo da sala havia decidido. Com essa experiência, entendemos a necessidade de o plano de aula ser flexível.

Muitas vezes, ocorre uma mudança radical, como nos relatou a professora de Prática: "[...] a aula estava planejada para trabalharmos a questão ambiental em Maringá. A estagiária já havia elaborado transparências para propor uma discussão sobre a importância da manutenção da cadeia alimentar. Recortes de jornais e revistas foram solicitados na aula anterior para que os alunos fizessem um texto após o debate. No entanto, no dia anterior (11 de setembro de 2001) ocorreu a destruição das torres do World Trade Center, Twin Tower, em Nova

York, que havia se tornado o assunto do momento, explorado pela mídia de forma recorrente. As estagiárias passaram em uma banca de jornal, compraram jornais e alteraram completamente a aula planejada". Após esse relato de flexibilidade, a professora ressaltou as qualidades daquelas estagiárias: atualização, atenção, compromisso, iniciativa, tomada de decisão, autonomia intelectual, e concluiu: "tive certeza, naquele momento, de que estava diante de duas professoras profissionais!".

Relembrando Freire (1986), podemos dizer que houve ousadia nas ações daquelas estagiárias, com isso que conseguiram colocar os alunos como parceiros da investigação de um acontecimento cuja interpretação ainda estava em processo de construção. Como afirma Shor (1986), as aulas são monótonas porque as respostas estão postas e cabe ao aluno acertá-las. Uma aula de construção é instigadora, porque desafia o aluno a entender e interpretar fatos, problemas, soluções propostas para que ele utilize a sua forma de pensar e diga o que tem a dizer, o que não está escrito, mas ele irá construir em sua mente.

Como já expusemos anteriormente, a aula deve ser planejada, mas não é necessário que sigamos o plano à risca. Existem circunstâncias internas e externas que provocam alterações e precisam ser consideradas "pedagogicamente". As aulas podem ser planejadas para várias finalidades: exposição do conteúdo, discussão de problemas, resolução de exercícios, trabalho em grupo, verificação etc. O professor pode negociar com os alunos a melhor forma de atingir os objetivos, que devem estar sempre muito claros e ser partilhados com o coletivo. O aluno precisa ser informado sobre a meta, o ponto de chegada que deve almejar para que ele se sinta responsável e some esforços como parceiro do trabalho coletivo, a construção social do conhecimento.

> Ao elaborarmos um plano de aula, precisamos partir do conhecimento prévio do aluno, conhecer suas necessidades e habilidades construídas.

Como estagiários, sentimos muita dificuldade em conhecer as construções prévias dos alunos. Como não havia tempo para uma avaliação diagnóstica, utilizamos o *brainstorm*, conforme sugestão da professora de Prática, mas muitas vezes os alunos não nos forneciam respostas que nos ajudassem a definir minimamente um ponto de partida.

No plano de aula temos também que definir os instrumentos de avaliação, deixando claro o objeto a ser avaliado: rendimento do aluno em relação ao conteúdo trabalhado, habilidades construídas, valores desenvolvidos, participação, responsabilidade, assiduidade, liderança etc. Também é importante refletirmos sobre as construções dos alunos que queremos avaliar: reprodução do conteúdo trabalhado? Aplicação de conceitos? Raciocínio sobre conteúdo na resolução de problemas?

Percebemos que nós não diferenciamos tais categorias nas nossas avaliações e sentimos quão difícil é avaliar.

A avaliação pode ser caracterizada de duas maneiras: *informal*, em que o discente está em constante avaliação, para fins diagnósticos e acompanhamento do progresso; e *formal*, para atribuição de conceito (nota). O tema avaliação é apresentado no capítulo "Avaliação no processo: aprender ensinando".

É muito importante que no planejamento contemplemos o tempo de execução para cada etapa do trabalho na sala de aula, assim como para aplicação dos instrumentos de avaliação e tarefas de casa. Na preparação da aula precisamos cronometrar as ações para que não haja frustração nas tarefas interrompidas ou uma extensão de tempo para além da necessidade, redundando em indisciplina na sala. Na previsão do tempo destinado às atividades devemos respeitar o ritmo de assimilação dos alunos e suas habilidades na execução das tarefas. Não obstante, sabemos que algumas vezes as ações não podem ser planejadas de forma rígida, pois a aula é uma dinâmica de coletivos inteligentes, que provocam alterações no tempo previsto.

No estágio realizado em uma sétima série, fizemos o plano de aula, assim como a preparação para a aula, dias ou até semanas antes da sua execução, e no processo de ensinar e avaliar, como relatamos no texto, muitas mudanças aconteceram.

Com as ideias apresentadas neste capítulo deixamos claro que o planejamento é parte fundamental de toda aula, pois é nele que estão contidos as ações, metas, tarefas e trabalhos a serem seguidos. Ele não deve ser elaborado como cumprimento de um dever burocrático, pois é um instrumento auxiliar que facilita o trabalho do professor.

Com o planejamento em mãos, o andamento da aula se torna mais fácil, e nós, como professores, nos sentimos mais seguros, uma vez que as ações são previstas com detalhamento dos passos, recursos e atividades. O planejamento é uma ferramenta auxiliar fundamental para o professor, na medida em que é com ele que se dá o bom andamento da aula. É no planejamento, ainda, que o professor descreve todos os passos a serem tomados, assim como a previsão de suas ações.

Em cada plano partimos sempre do conhecimento prévio do aluno, ou seja, do conhecimento adquirido nos anos anteriores, tanto na escola como no ambiente da família e em outras circunstâncias. Esse procedimento significa que respeitamos o aluno como sujeito na construção do conhecimento.

Referências

LIBÂNEO, J. C. *Didática*. São Paulo: Cortez, 1994, cap.10, pp. 221-47. (Coleção magistério 2º. grau. Série formação do professor)

MORIN, Edgar. *Os sete saberes necessários à educação do futuro*. São Paulo: Cortez, 2002.

SHOR, I.; FREIRE P., *Medo e ousadia*: o cotidiano do professor. Trad. Adriana Lopez, Rio de Janeiro: Paz e Terra, 1986, v. 18, pp. 11-25.

A construção do conhecimento moral

Ana Claudia da Silva
Eliane de Camargo

> "Quando a criança entra na escola, precisa encontrar aí
> a continuação da sua vida no lar e não outro mundo,
> diferente, cheio de horários e deveres, com outro ritmo,
> outras regras às quais tem que se adaptar". Marisa Del
> Ciappo Elias, *Célestin Freinet, uma pedagogia de atividade
> e cooperação.*

Neste capítulo vamos expor a percepção que tivemos, na nossa experiência como estagiárias, sobre a relação entre alunos e escola.

Esse é um assunto significativo nos dias atuais, que provoca dúvidas e divide opiniões sobre a função da escola e a formação moral dos alunos no ambiente escolar.

Sabemos que a função da escola na formação conceitual, procedimental e moral dos alunos não se restringe à veiculação de informações. Essa função tem sido realizada pela mídia de forma mais cativante, com imagens, movimentos e acontecimentos em tempo real,

como eclipses, tsunamis, greves etc. No entanto, a formação moral ocorre no espaço social, por meio de somatórios de exemplos e vivências. Percebemos em nossas vidas, não apenas no ambiente institucional, mas também no familiar, que as atitudes educam mais do que os discursos. Sempre nos perguntamos: como criar um ambiente "educativo"?

Escola

Meu espaço... meu mundo... minha escola. Lugar de tantas informações... boas, ruins, engraçadas e importantes. No entanto, o que realmente deve ser uma escola? Ah, sim, lugar de ensinar e aprender! Mas o que estamos ensinando/aprendendo? Português, Matemática, Geografia? Será que hoje esse é o único papel da escola? Com certeza, não. Em nossos estágios encontramos alguns professores educando seus alunos como se fossem seus pais e outros que se limitavam a transmitir conteúdo.

> Mas como trabalhar os valores trazidos de casa de forma construtiva, sem que haja conflito na formação moral dos alunos, se sabemos que a coerência constrói e a falta de lógica "desconstrói"?

Como professores em formação, ficamos nos indagando: o professor está preparado para a função de pai de quarenta alunos durante pouco mais de cinquenta minutos? A resposta são professores confusos e cansados com essa dupla função: construção do conhecimento científico e moral. Sentimos, antes de tudo, que temos que ser vigilantes para que nossas ações não contradigam nosso discurso. Um trabalho colaborativo entre famílias e escola objetivando ambas o desenvolvimento intelectual, moral e emocional do aluno parece estar distante do ideal, além de presenciarmos uma falta de integração no trabalho de educação e formação.

A escola tornou-se uma espécie de guardiã dos alunos, e alguns pais entregam seus filhos à escola para que os professores, os orientadores e a direção sejam mediadores de conflitos e busquem soluções para os problemas, mesmo aqueles gerados no seio da família, pois eles definiram que a escola educa e os pais alimentam e compram materiais escolares. Seria uma divisão de tarefas até possível se, ao menos, os pais valorizassem a formação intelectual dos alunos, tanto privilegiando programas de TV informativos quanto adquirindo livros, revistas e jornais. No entanto, sabemos que em muitos lares os pais não compram jornais, não têm hábitos de leitura e escrita e se irritam quando os filhos atrapalham seus programas favoritos – como jogos, novelas ou os *reality shows* – que deseducam pela incrível colocação de valores equivocados.

É lamentável que nesse contexto social haja um desequilíbrio na divisão das responsabilidades entre lar e escola.

O ambiente escolar deveria ser um espaço educativo, no qual as pessoas não utilizassem o tom de voz para impor sua autoridade e não houvesse competição pela altura dos gritos para serem ouvidas. Esse espaço deve ensinar a falar em tom adequado para que assim as pessoas ouçam e reflitam sobre o mundo que os cerca, tornando-o um espaço que convide à concentração, estudo, pesquisa e discussão de pontos de vista, enfim, um espaço de construção do saber. Precisamos, urgentemente, criar um ambiente de construção coletiva de conhecimento, com respeito pelo outro, com respeito pela opinião do outro. Alunos e professores devem admitir que pessoas têm pontos de vista diferentes e, principalmente, entender que, sem ouvir o outro, ficaremos fechados em nós mesmos e a construção social do conhecimento nunca ocorrerá. Pobre espaço!...

O papel fundamental da escola é, ou seria desejável que fosse, a formação de cidadãos pensantes, que tenham opinião, saibam fazer escolhas e tomar decisões, saibam lutar por seus direitos e cumpram seus deveres dentro de uma sociedade.

Sendo assim, a escola é o lugar onde os alunos deveriam exercitar a cidadania, a autonomia, a criticidade, a responsabilidade, construindo seu conhecimento moral, procedimental e conceitual; mas eles veem o colégio como um ponto de encontro para ver colegas, "paquerar", desfilar roupas

ou o novo celular. Haveria uma forma de tornar estas duas funções não excludentes, e sim complementares?

A escola é só um prédio feito de concreto e tijolos, fria e sem vida. Quem a torna viva são seus dois elementos formadores: professores e alunos.

O espaço escolar com vida é um convite para que alunos, professores e pais se debrucem sobre projetos para a melhoria das condições do ambiente: organização, promoção de eventos, limpeza, paisagismo, manutenção. Os sujeitos do espaço não destroem o patrimônio. Se há vandalismo é porque os sujeitos não se sentem parte daquele espaço, mas sim excluídos dele. Por que o prédio construído para alunos de repente faz com que eles se sintam excluídos? Qual a verdadeira razão dessa relação conflitante?

Alunos

Cidadãos brasileiros... Tantas promessas são remetidas a eles, mas... Como eles são? Como se comportam? Quais seus sonhos? Quais seus medos? O que realmente serão?

Na verdade, temos muitas perguntas, porém poucas respostas – perguntas e respostas que exigem investigações de campo e um trabalho sistematizado de observações, levantamento e análise de dados para a construção de um conhecimento sobre a veracidade das circunstâncias atuais das salas de aula, principalmente dos sujeitos que nela ficam por quatro horas diárias. Essas quatro horas serem longas ou curtas depende de quem as analisa. Do ponto de vista dos educadores que defendem a escola de período integral para a formação integral do aluno, certamente quatro horas são insuficientes; mas para alunos que lá estão por obrigação, quatro horas é tempo demais. Analisamos o tempo do aluno no espaço escolar e percebemos que há muito para melhorar, tanto no tempo como no espaço escolar. A escola não precisa ser divertida, a sua função de formar o aluno deve estar clara; mas também ela não precisa ser triste e sem vida.

Para fazermos uma proposta de escola viva, organizada para o aluno estudar, nós, como educadores, devemos conhecer sua realidade e os anseios dos alunos. Lemos muitos textos, discutimos sobre várias situações ocorridas em sala de aula; mas será que isso foi e é suficiente para construirmos nossa concepção acerca dos agentes da educação no espaço escolar? Certamente, não. Somente sentindo o calor de uma sala de aula com quarenta alunos pudemos iniciar a idealização do significado de ser educador. Ser educador é formar cidadãos.

Família

Qual a função da família na educação de seus filhos?

Não podemos separar a formação intelectual, moral e emocional em uma pessoa. Acreditamos que essas sejam construções integradas, cada uma apoiando-se sobre as outras para possibilitar avanços.

Como a família pode participar do processo de aprendizagem dos filhos? Temos certeza de que criar condições aos alunos a passagem do conhecimento empírico ao conhecimento científico é função da escola. A família pode oferecer um ambiente propício com possibilidade de concentração para os estudos e interessar-se pelo trabalho escolar de seus filhos.

Na atualidade as comunicações são velozes, fáceis, numerosas e diversificadas, e, paradoxalmente, no seio familiar as pessoas comunicam-se cada vez menos. Assistimos a cenas grotescas de pais e filhos durante refeições falando cada qual ao celular, distantes daquele espaço de convivência. Percebemos que o distanciamento entre pais e filhos não se dá apenas no campo da relação com a escola, mas em vários contextos.

Assistimos a reuniões de pais e mestres esperando encontrar alguma pista que nos ajudasse a inserir a família nos projetos da escola, mas o que presenciamos foi uma preocupação angustiada com as notas dos filhos, sem interesse pela formação ou construção de conhecimento. Tanto filhos como pais vêm à escola para cumprimento de dever: assinam presença, tomam conhecimento das notas e saem com a leveza de quem cumpriu a tarefa.

A escola poderia fazer mais? Temos certeza de que os educadores da unidade escolar poderiam planejar as reuniões com os pais para além da notificação do rendimento dos filhos. Seria ofensivo pensar em formar espaços de diálogo para que os pais, numa contribuição mútua, também pudessem avançar de um conhecimento menor para um outro melhorado? Pais médicos que poderiam aprender com pais encanadores, pais costureiros que poderiam aprender com pais cozinheiros? Tantos outros especialistas transitam pelo espaço das escolas sem que nunca tenham tido oportunidade de dizer o que sabem, como trabalham e o que esperam da escola.

Não queremos que os pais ensinem o conteúdo escolar a seus filhos, pois isto é função dos professores. Não estamos sugerindo que eles corrijam suas lições para que seus filhos possam "brilhar" nas aulas, criando uma falsa competência. Fica assim instalada a mentira como valor, há desconstrução moral e a equivocada ideia de que o que importa é saber a "resposta correta". Como colocamos anteriormente, é mais construtivo os pais se sentarem com os filhos e se "interessarem" pelas tarefas que estiverem fazendo ou ainda jogarem com seus filhos. O jogo, como explicitado no capítulo "Como aprender Geografia com a utilização de jogos e situações-problema" é um excelente meio para formação moral porque submete os jogadores à necessidade de conhecer as regras e segui-las. Se os pais, por uma questão de divergência de método, não entenderem o filho ou acharem que ele esteja cometendo "erros", poderiam pedir explicações sobre os procedimentos, consultando juntos os livros ou cadernos, anotando as dúvidas para que ele possa levá-las à aula. Esse tipo de contribuição significa muito mais do que uns aparentes pontos positivos na nota do filho.

Alguns programas de inclusão, como "Espaço escolar aos domingos" para realização de esportes, artes, feiras de livros e outras tantas ideias, mostram a possibilidade de "quebrar" os muros da escola e construir uma via de integração com a escola e comunidade.

Pais e professores podem trabalhar por objetivos comuns: melhorar a qualidade do espaço onde as crianças ficam minimamente um sexto de suas vidas; ajudar os filhos-alunos a terem uma boa formação intelectual, emocional e moral. Queremos alertar os pais de que quanto melhor for o conhecimento que os professores tiverem do ambiente familiar, das suas necessidades específicas, medos, sonhos, preferências, melhor será a mediação que eles conseguirão fazer na aula para a construção do conhecimento dos alunos. Essas pistas podem ser dadas pelos pais aos professores, talvez, através de psicodrama durante uma reunião entre ambos.

As reuniões podem ter clima fraterno, pois todos que ali estão têm um objetivo comum: a melhora do conhecimento do aluno. É importante que pais e equipe escolar se integrem em um trabalho coletivo e colaborativo.

Queremos sugerir que as reuniões sejam encontros em que haja troca de conhecimento sobre os filhos e alunos e possibilidade de os professores explicitarem seus métodos de ensino, vivenciando algumas atividades de construção de conceitos com os pais; que haja jogos, dramatizações, e todos saiam enriquecidos, mas principalmente consigam perceber-se parte da comunidade escolar. Os pais podem ser convidados a sugerir as pautas das reuniões e projetos de integração das ações da escola às da comunidade. O desenvolvimento de um trabalho integrado pode surgir quando o grupo pais e o grupo educadores sentirem-se um time.

Referência

ELIAS, Marisa Del Cioppo. *Célestin Freinet, uma pedagogia de atividade e cooperação*. Petrópolis: Vozes, 1997.

A didática da afetividade

Dimitri Salum Moreira
Marcelo José da Silva
Renato J. Ferreira

> "Para Piaget, as interações entre sujeito e objeto do
> conhecimento dependem de dois
> aspectos complementares e irredutíveis:
> um afetivo e outro cognitivo".
> Lino de Macedo, *Ensaios construtivistas*.

A aula, antes de tudo, é um acontecimento de relações entre sujeitos: professores e alunos. Sendo assim, algumas questão são colocadas.

> Qual é o objetivo de uma aula? Transmitir informação ou construir conhecimento conceitual? Desenvolver valores e formar atitudes ou obrigar ao cumprimento de regras? Treinar habilidades ou construir conhecimento procedimental? Trabalhar a autoestima dos estudantes? Desenvolver a socialização com trabalhos de equipe ou discutir teoricamente a necessidade de cooperação e o respeito às diferenças?

Em nossos estágios, tanto de observação como de regência, percebemos que um dos principais problemas na sala de aula era a falta de motivação dos alunos. Preocupamo-nos em tornar a aula desafiadora o bastante para que os alunos fossem instigados a buscar conhecimento, resolver problemas "verdadeiros" colocados como desafios.

A sala de aula deve ser um espaço de construção e de troca de conhecimentos, onde se ensina e se aprende. Diferentemente do que pensam alguns profissionais, mesmo professores com domínio de conteúdo da disciplina sempre aprendem ao ensinar.

O professor é o parceiro mais importante no processo de aprendizagem, pois ele pode incitar o grupo de alunos ao aprendizado, desafiá-los a serem pesquisadores permanentes, como pode também ser o responsável pela amputação intelectual, desistência e desânimo de uma turma inteira.

A articulação entre conteúdo e cotidiano é uma abordagem eficaz para avançarmos das aulas tradicionais e expositivas para aulas interativas, nas quais os alunos possam participar com suas experiências e pontos de vista. Lemos e refletimos sobre a nefasta consequência de aulas unívocas do professor orador, que formam a passividade e a alienação. Nossa preocupação nos estágios foi a não reprodução das aulas que presenciamos nos quinze anos de escolarização. Percebemos que quando os professores e os alunos se integram para construir conhecimento, há motivação para aprender e o processo se torna progressivamente enriquecedor. Numa aula interativa os sujeitos participantes não precisam ser pressionados a estudar ou ameaçados com reforços negativos de qualquer espécie, porque o desafio de encontrar respostas está posto. Quando o aluno sente o desafio e quer de fato encontrar respostas às questões colocadas não há necessidade de reforço, seja negativo, seja positivo.

No método integrador os alunos são estimulados a pensar e repensar sobre o conteúdo abordado, porque, direta ou indiretamente, esse conteúdo diz respeito a sua experiência de vida ou fatos presenciados na localidade de sua vivência.

Os alunos podem passar do conhecimento empírico para o científico, dando novo significado ao seu cotidiano ao sistematizar os dados levantados no espaço de sua vivência. O momento de ressignificação é ímpar, e podemos dizer que essa construção estrutura novos desafios e descobertas. Podemos ousar dizer que o olhar sobre o objeto, inicialmente ingênuo e curioso, transforma-se no olhar observador e analítico de um pesquisador.

> O processo didático tem por objetivo dar respostas a uma necessidade: ensinar. O resultado do ensinar é dar respostas a uma outra necessidade: a do aluno que procura aprender. Ensinar e aprender envolve o pesquisar. E essas três dimensões necessitam do avaliar. Esse processo não se faz de forma isolada. Implica interação entre sujeitos ou entre sujeitos e objetos. (Veiga, 2005: 13)

Refletindo sobre a citação anterior, pensamos que uma maneira de motivar os alunos é incorporar o seu cotidiano ao conhecimento abordado em aula; ou ainda tomar a localidade como objeto de investigação, retirando dela os elementos necessários à realização de uma análise geográfica. Na nossa experiência de regência de aulas notamos que, quando contextualizávamos um conteúdo no cotidiano, os alunos interessavam-se pela aula, pois através dos exemplos vivenciados por eles os conceitos tinham significado. Portanto, nas aulas em que essa integração ocorre, há motivação para a construção coletiva de conhecimento. Cabe ao professor essa complexa tarefa, pois ele precisa conhecer o aluno e sua vivência para coordenar suas ações no desvendamento dos elementos presentes no cotidiano. Segundo Ira Shor (1986), "A educação deve ser integradora, integrando estudantes e professores numa criação e recriação dos conhecimentos comumente partilhados".

A criação e a recriação acontecem em dois momentos: no da produção do conhecimento novo e no trabalho de coordenação entre o conhecimento anteriormente construído e o novo.

> Professores devem ser mais que profissionais diante de quadros-negros que apenas despejam conteúdos, mas incentivem uma discussão entre alunos e se aproximem deles como seres humanos.

Eles precisam ser motivadores, desafiadores e coordenadores entre o conhecimento construído e o novo, fazendo articulações entre o conteúdo teórico e o cotidiano.

Essa conduta do professor de inserir o cotidiano do aluno na interpretação de fenômenos da Geografia pode ser interpretada como respeito ao aluno, seu ambiente e suas construções anteriores.

Somos defensores da didática da afetividade, cuja proposta está na integração entre conteúdo e cotidiano e no respeito do professor às dúvidas e necessidades dos alunos. O professor deve ter muito cuidado com as suas expressões, quer verbais, quer corporais. Algumas expressões não verbais, como o olhar e gestos, marcam:

> [...] a senhora nunca nos chamou de idiotas, mas quando a gente fazia uma pergunta boba, a senhora olhava de um jeito que nos fazia calar a aula toda. Eu não entendo por que as perguntas tinham que ser certas, ou o que seria uma pergunta certa... (aluno do ensino fundamental, 1977/SP, na FAE/USP em 1986, entrevistado por Passini)

Não podemos esquecer que nossas expressões em sala de aula – palavras, gestos corporais – transmitem nossa visão crítica, nossos valores e crenças. Assim, na aula devemos procurar observar cada diferença apresentada nas reações dos alunos, suas expressões verbais e não verbais, pois o aluno possui diferentes formas de interpretação e entendimento.

As adversidades do dia a dia são os maiores desafios que os profissionais da educação têm que enfrentar, pois, como normalmente convivem com adolescentes, pré-adolescentes ou crianças, eles deparam com grande variação de humor e problemas de autoafirmação. Os pequenos aprendizes acabam trazendo para a sala seus problemas do cotidiano, pois não sabem ou não fazem diferenciações entre sala de aula e vida pessoal. Os professores precisam estar preparados para trabalhar essas situações, mesmo sabendo que o aluno apenas necessita de atenção; por outro lado, devem encaminhar para especialistas problemas mais específicos de aprendizagem, autoestima, visão ou audição limitadas.

Segundo Veiga (2005: 16),

> A irrepetibilidade significa que cada aluno é uma pessoa diversa e diferente, que supera a redundância e as rotinas, no sentido de aprofundar a variabilidade. A potencialidade intuitiva significa o esforço de visão profunda, mais rica e configuradora de horizontes mais abertos e de formas diferentes de compreender a realidade educativa. A perseverança na ação requer um esforço continuado de observar e captar novas possibilidades do processo de ensino. Sensibilidade e estética são princípios da ação de ensinar. A sensibilidade de despertar no professor a disponibilidade e a ilusão para compartilhar com os alunos os valores e o espaço de interpretação da realidade.

O estágio, no curto período em que foi realizado, naturalmente não nos preparou como profissionais plenos, mas ajudou a nos conscientizarmos de que ser professor é uma profissão de grande responsabilidade. Vamos trabalhar muitos anos na formação dos alunos que lá estão para aprender e crescer, e podemos induzi-los a tomar um caminho de crescimento ou de retroação. Percebemos que o bom professor é aquele que sugere caminhos para o crescimento do aluno e disponibiliza os meios – quer conceituais, quer procedimentais, quer morais – que facilitem a construção desse caminho. Sentimos, em cada momento de reflexão, quão grande é nossa responsabilidade.

Nas nossas aulas, tentamos extrair o máximo dos alunos, orientando-os a buscarem esclarecimento para suas dúvidas, sem dar respostas prontas, mas desafiando-os com novas questões. Tentamos, desta forma, evitar as aulas reprodutivas, pois não queríamos formar copistas, mas pesquisadores.

Entendemos no nosso estágio que não é possível ensinar sem construir uma relação afetiva com os alunos. Quando um professor se dedica aos seus afazeres com paixão, certamente a qualidade das suas aulas é diferente e ele tem como resposta uma aprendizagem significativa dos discentes. Os alunos normalmente gostam de professores que se importam com eles, interessam-se pelas construções de cada um, por seu ritmo de aprendizagem, suas dúvidas, seu crescimento. Nossa proposta por uma didática da afetividade foi inspirada na entrevista que encontramos em Veiga (2005: 23):

> Na leitura dos registros escritos dos professores, constatei que o ensino implica um forte envolvimento afetivo. Nos registros citados a seguir, é possível perceber a implicação da afetividade no ato de ensinar:
>
> "[...] ensinar é dar, receber, trocar, doar-se, envolver-se, amar, sofrer, entender, viver" (professora de inglês);
> "[...] ensinar é a arte de entender que o conhecimento não se divide com o outro, não se passa ao outro, mas se busca junto com o outro" (professora de matemática);
> "[...] ensinar é também trabalhar com o outro" (professora de pedagogia)

Apesar de todas essas afirmações e colocações dos professores, temos que ter consciência de que o professor não pode nem deve tomar o lugar de um pai ou psicólogo, ou seja, temos de respeitar as territorialidades. Não somos psicólogos e não devemos tentar sê-lo, mas podemos encaminhar problemas aos especialistas sempre que percebermos tal necessidade. Não somos os pais, mas podemos dividir com eles a nossa preocupação com o crescimento intelectual e emocional dos alunos.

Referências

FREIRE, Paulo; SHOR, Ira. *Medo e ousadia*. São Paulo: Cortez, 1986.

MACEDO, Lino de. *Ensaios construtivistas*. São Paulo: Casa do Psicólogo, 1994.

VEIGA, Ilma Passos Alencastro (org.). *Lições de didática*. Campinas: Papirus, 2005.

O aluno, o professor e a escola

José Aquino Junior

> "Com Bakhtin podemos nos acercar das conversas infantis, percebendo quanto importa o sentido do olhar e das palavras que dirigimos às crianças".
> Solange Jobim Souza, *Infância e linguagem*.

O bom professor é aquele que consegue trabalhar a construção do conhecimento com os alunos independentemente do espaço e da infraestrutura que lhe sejam disponibilizados. Nas aulas de Geografia, é pertinente a necessidade de um apoio técnico, de mapas a internet, pois muitas vezes o aluno sente dificuldades em abstrair conceitos e construir seu conhecimento com os livros didáticos e as aulas expositivas; mas será que esses recursos técnicos são fundamentais?

Sem uma articulação bem-organizada entre conteúdo e forma, a utilização de retroprojetores e da internet pode não contribuir significativamente para que o aluno passe de um conhecimento menor ou empírico para um conhecimento melhorado e sistematizado. Em contrapartida, há bons professores, que, mesmo utilizando a própria voz, o giz e o quadro-negro, conseguem envolver os alunos em atividades produtivas na construção do saber científico.

Temos afirmado de forma recorrente que o domínio de conteúdo é mais significativo para uma boa aula do que os recursos diversificados e modernos.

Não queremos uma aula-espetáculo, centralizada no professor com sua eloquência discursiva, quase uma aula demonstrativa, porque acreditamos que a produção deve ser do aluno e que o "espetáculo" deve se centrar no pensamento do aluno: é ele que deve pensar e expor suas ideias. O professor precisa passar segurança e motivar o aluno à investigação das questões que responderão aos problemas colocados por ele e pela classe. Uma aula produtiva não se mede pela quantidade de questões ou das páginas preenchidas do caderno. Uma aula produtiva é aquela em que aluno trabalha além do tempo e do espaço da aula, porque foi desafiado a buscar soluções para problemas verdadeiros e a levar dúvidas para além dos muros da escola.

> Dessa maneira, se cabe ao professor a função de ser o responsável pela qualidade da aula, qual seria o papel do aluno e da escola?

A escola não é uma célula isolada e deve estar integrada às ações da própria sociedade. Na atualidade, com o desenvolvimento tecnológico acelerado que estamos vivenciando, a escola precisa ficar atenta e estar conectada à realidade. Hoje as crianças e os adolescentes presenciam e vivenciam conflitos sociais dentro e fora de casa, crescem em espaços repletos de equipamentos eletrônicos, como a televisão e a internet, realidades que constroem valores e atitudes dos alunos dentro e fora da escola.

Caberia ao aluno a tarefa de filtrar os seus conflitos externos à escola para que dentro dela ele possa se concentrar e ter um melhor aproveitamento da formação que lhe é oferecida. Ele deve acreditar que assim estará se preparando melhor para enfrentar os desafios impostos pela sociedade. A ferramenta do cidadão é o conhecimento. "Ser informado é ser livre" – disse Ricupero (1995). Infelizmente, sabemos que o aluno não possui essa consciência e responsabilidade.

A escola e a família são responsáveis pela formação de valores. Elas devem motivar o aluno a se tornar responsável e comprometido como "estudante", aquele que estuda. Observando as atitudes de alguns alunos em aula ou nos ambientes escolares, a percepção é de que são meros passageiros do espaço escolar, onde comparecem para encontrar amigos, namoradas, ouvir novidades e acidentalmente conhecer suas notas de provas que, muitas vezes, sequer se lembram de terem feito. Essa falta de compromisso do aluno faz com que a avaliação escolar não sirva aos propósitos de diagnosticar o processo de aprendizagem para correção de rumo. Percebe-se, desta maneira, um descompasso nas ações que ocorrem no espaço escolar, onde a construção do conhecimento fica fragmentada, na medida em que o aluno não consegue perceber as articulações entre as atividades, o tema e os recursos utilizados. Considera-se que um conceito foi apreendido se igualmente o aluno houver construído a competência para aplicá-lo.

A escola é um espaço de construção de conhecimento coletivo. As infraestruturas – tanto de apoio pedagógico como de pessoal – poderiam ser auxiliares para desenvolver ações com o objetivo de provocar a melhoria do processo de aprendizagem, principalmente na construção de coletivos inteligentes.

No livro *Para onde vai o ensino de geografia*, Oliveira (1994: 138) já alertava que no processo de ensino "o professor foi perdendo ou, então, nem teve a oportunidade de formar a sua condição de produtor de conhecimentos. Ele se tornou ou foi transformado em um repetidor dos conteúdos dos livros didáticos".

Na realidade o professor já não é refém somente dos livros didáticos; ele também se tornou refém das multimídias – como a internet – e de tecnologias como o projetor de multimídia. Os eslaides preparados em *PowerPoint* acabam escravizando o professor, que perde a sequência do assunto e muitas vezes o próprio conteúdo ao se deparar com uma condição adversa, como a queda da energia ou a incompatibilidade de programas. A mudança do livro didático para internet ou projetor de multimídia, por si só, não consegue transformar uma aula expositiva em uma aula de construção coletiva de conhecimento. A diferença está na forma do discurso, se vocal ou eletrônica, mas continua unívoca. Portanto, o problema da aprendizagem do aluno persistirá se os professores utilizarem os instrumentos fornecidos pela escola sem levar em conta o conhecimento prévio do aluno para avanço do conhecimento.

É essencial que, antes da utilização de qualquer recurso técnico nas aulas, o professor entenda a importância da leitura e da escrita para o funcionamento do sistema cognitivo do aluno. O aparato tecnológico não pode substituir a importância de investigar para aprender, mas deve ser considerado apenas um meio do processo investigativo.

É o aluno que avança como sujeito desta investigação: levantando dados, organizando-os e representando-os. Esse caminho de busca provoca a melhoria do conhecimento, pois o aluno utiliza suas ferramentas da inteligência comparando e analisando dados, avançando do conhecimento assistemático para um sistematizado. A função do professor é a de orientar a investigação, colocar questões para que ela progrida, auxiliar com o fornecimento de fontes e informações, assim como colocar desafios para que o aluno perceba as diferentes perspectivas possíveis do problema em estudo.

Perrenoud (2000: 131) nos alerta sobre a utilização de novas tecnologias na escola e diz que alguns professores "ainda pensam que computadores são simplesmente máquinas de datilografia sofisticadas". Mesmo que concordemos com ele, o problema permanece, pois professores que utilizavam as máquinas de escrever para fazer os alunos copiarem textos do livro didático continuarão a fazê-lo com o computador. Mesmo sem nenhum apoio tecnológico, aquele professor que fazia os alunos elaborarem seus textos, respeitando a organização do seu pensamento, auxiliando-os a passarem do rascunho para um texto lógico, comunicável, certamente utilizará o computador como ferramenta auxiliar para a aprendizagem significativa do aluno. Nesse tipo de aula, o aluno pode passar de um conhecimento menor para um melhorado, principalmente pelas descobertas que pode fazer, utilizando diferentes linguagens a partir de dados levantados. Perrenoud (2000: 127) escreve que "a escola tem dificuldades para atingir seus objetivos atuais, mesmo os mais fundamentais, como o domínio da leitura e do raciocínio". Nesse sentido, a escola precisa conhecer melhor seus alunos e profissionais para, assim, escolher as suas melhores ferramentas de apoio com vista a uma aprendizagem significativa e à formação de cidadãos pesquisadores.

É indiscutível a necessidade de a escola se atualizar e se inserir na sociedade tecnológica. Podemos dizer que, quando uma pessoa atinge a capacidade de ler e entender, ela entra em outro estágio na estrutura do seu raciocínio. Acreditamos que o acesso às novas tecnologias possa também melhorar a organização lógica das ferramentas da inteligência dos alunos, na medida em que traz novos componentes para acessar informações, organizá-las e utilizar-se delas.

Na nossa regência encontramos na escola algumas estruturas, como laboratório de informática, sala de vídeo, biblioteca e ambiente ao ar-livre como espaço alternativo para estudo, além de recursos como retroprojetores, tv/vt, aparelhos de som, mapas etc., no entanto, sentimos falta de profissionais que organizassem, mantivessem e atualizassem regularmente esses equipamentos. Embora tanto a Secretaria de Educação municipal quanto a estadual ofereçam cursos de capacitação tecnológica para atualização dos professores, ainda há um longo caminho a percorrer para que eles fiquem habilitados para a utilização dessas ferramentas em sala de aula. Seria uma boa oportunidade para os alunos que nasceram nesta era e estão mais familiarizados com as novas ferramentas eletrônicas se tornarem parceiros dos professores no desvendamento de softwares e na navegação pela internet. O aluno é o primeiro a sentir a limitação da capacidade do professor no uso de tecnologias ou a ausência destes recursos nas aulas, pois a interação que o estudante tem com as informações e com a mídia fora da escola pode ser maior do que dentro dela.

Nós sabemos, por exemplo, que um simples programa de computador permite inserir ilustrações, atividades e versões complementares às aulas, oferecendo uma dinâmica mais próxima da realidade do aluno. No entanto é preciso que o aluno não se iluda, colocando o computador na execução das tarefas e substituindo a sua ação de investigar e organizar dados por copiar trabalhos prontos de sites. Precisamos discutir uma nova ética de elaboração de trabalhos escolares. Até pouco tempo atrás os professores aceitavam cópias de enciclopédias. Então se pode perguntar: há diferença entre essas cópias e a utilização de matérias obtidas em sites na internet? Na pedagogia da cópia, certamente não há diferença, mas estamos propondo a formação do cibercidadão, aquele que se utiliza das ferramentas eletrônicas para reconstruir pensamentos, reorganizar ideias, utilizar sempre o próprio pensamento nas tarefas de compilação de textos prontos. A cópia sempre é cópia, e só tem valor para desenvolver a habilidade de copiar.

Outro problema para o uso de novas formas de trabalhar as aulas, incluindo salas-ambientes e disposições alternativas das carteiras, é a saturação da carga horária de trabalho dos professores e a elevada quantidade de alunos por sala. Por exemplo, no nosso estágio, a quantidade de alunos por sala foi um grande desafio para nós, já que era muito difícil planejar uma dinâmica para manter a concentração de quarenta alunos. Muitos acabavam se dispersando por não receberem atenção às suas dúvidas, atenção essa essencial ao processo de aprendizagem.

Com a utilização de ferramentas avançadas ou não, percebemos que quando os planos de aula eram bem preparados, estudados com propostas de dinamização das aulas desde a disposição das carteiras até o uso de recursos, a construção do conhecimento objetivado nos planos atingia maior quantidade de alunos.

Na Geografia as diferentes formas de representação do espaço são importantes para o desenvolvimento da percepção do aluno. Percebemos nitidamente que a utilização de recursos diferentes aos habituais motivava os alunos a aprender principalmente por instigá-los a fazer descobertas.

O nosso estágio foi realizado em uma sétima série, e para trabalhar o tema regionalização optamos por atividades práticas no lugar de expor conceitos de regionalização e as diferentes divisões regionais possíveis, considerando as diferenças econômicas, sociais e culturais dos lugares. Inicialmente tocamos músicas de diferentes culturas para que os alunos se interessassem pelo tema e ficassem motivados a participar da pesquisa que iríamos propor. Utilizamos os mapas das Américas e da Europa contidos em atlas para que os alunos pudessem visualizar a regionalização segundo algumas línguas faladas no mundo. Para aplicar essa divisão à realidade da classe pedimos para cada aluno informar a língua falada em seus lares e suas ascendências. Do inventário e agrupamento dos dados, obtivemos três grupos: um grupo representado pela maioria que falava apenas a língua portuguesa, um segundo grupo que possuía em seus lares parentes que falavam outras línguas, como o italiano, e um terceiro grupo, este minoria, que falava japonês com os avós. Na aula seguinte convidamos alguns adolescentes que estiveram ou moraram no exterior para promover um debate com os alunos e possibilitar uma interação entre o conhecimento teórico e a realidade vivida por eles. Da mesma forma, para trabalhar o tema da tectônica de placas e abalos sísmicos, convidamos uma aluna da escola que havia morado no Japão e tinha experiências vivas com tremores de terra. Os alunos ficaram muito curiosos em conhecer detalhes reais de um lugar em pleno tremor, fizeram muitas perguntas e resolveram realizar uma pesquisa sobre o tsunami ocorrido recentemente no Pacífico.

O nosso receio em perder o controle da aula sem um discurso apoiado no livro didático foi substituído pela certeza de que uma simples modificação na dinâmica da aula e de recursos pode provocar avanços surpreendentes na aprendizagem dos alunos. Quando a aula extrapolou o conteúdo do livro didático, com a inclusão de outros personagens, a relação professor e aluno tornou-se mais dinâmica, e foi percebida nos relatórios dos estudantes que a aprendizagem havia sido significativa.

É importante que o professor saiba fazer escolhas entre os recursos disponíveis, seja flexível nas exigências, interaja com os alunos e promova ações para motivar os alunos a identificar problemas, investigar suas causas e estudar possíveis soluções.

O aluno que é desafiado a investigar um problema real não precisa de cobrança para entregar o trabalho, pois ele está motivado a seguir um caminho investigativo e encontrar respostas próprias. Os professores deixam de ser reprodutores dos pensamentos dos autores do livro didático e os alunos deixam de ser copiadores de questionários para se tornarem produtores de pensamentos próprios.

Acreditamos caber ao professor a função de mediador entre o conhecimento e o aluno, levando os sujeitos a se integrarem no espaço escolar. A inserção dos próprios alunos na análise das demandas e das políticas educacionais do Estado e da União e na resolução dos problemas da escola pode ajudar a formar sujeitos, e não objetos de submissão.

> É preciso investir mais na educação. Qual educação? A reprodutiva ou a construtiva? A da submissão ou a da autonomia?

Lamentamos serem tão mal interpretadas as propostas para formar equipes de alunos que, em turnos, se responsabilizem pela organização do espaço escolar. No Japão os alunos participam da limpeza, distribuição de merenda escolar, organização e manutenção do material escolar. A participação dos alunos na limpeza das salas de aula, do pátio e do refeitório faz com que eles se tornem responsáveis pela manutenção, não delegando aos "faxineiros" essa função. O espaço coletivo é responsabilidade de todos os sujeitos que nele estudam, transitam e comem.

Referências

OLIVEIRA, Ariovaldo Umbelino. *Para onde vai o ensino de geografia?* 5. ed. São Paulo: Contexto, 1994. (Coleção Repensando o ensino)

PERRENOUD, Philippe. *Dez novas competências para ensinar*. Porto Alegre: Artes Médicas Sul, 1999.

RICÚPERO, Rubens. Ser informado é ser livre. *Folha de S. Paulo*, 1995. Seção Opinião.

SOUZA, Solange Jobim. *Infância e linguagem*: Bakhtin, Vygotsky e Benjamin. Campinas: Papirus, 1994.

Um diário da construção de respeito e afeto

Francisco de Assis Gonçalves Junior
Viviane Ferraz

> "Somos humanos e guardamos medos e inseguranças... a nossa formação se dá no processo de ensinar e aprender, todo dia, a cada desafio."
> Viviane Ferraz

A nossa "estreia" começou no dia 6 de abril de 2006, quando fomos pela primeira vez até o colégio onde realizaríamos os estágios. Questionamos a professora de Prática sobre as razões da escolha daquele colégio e por que não podíamos escolher algum da rede municipal ou privada, e ela nos respondeu de forma clara e objetiva: "Porque foi a porta que se abriu para nós".

Ficamos desapontados com essa pré-seleção, sem que tivéssemos sido consultados, e com a falta de opções que tínhamos diante de uma professora que se dizia democrática. Ela ainda acrescentou: "Sempre me considero uma invasora quando entro numa escola para trabalhar com estágios. Nós precisamos daquele espaço para a prática de vocês e acabamos sendo intrusos, atrapalhando a rotina da escola, que, como vocês verão, é muito complexa e difícil".

O primeiro contato naquele dia 6 de abril foi uma reunião de apresentações: estagiários, corpo docente, coordenadores e a vice-diretora do período. Das três professoras de Geografia, uma disse imediatamente que não iria trabalhar com estagiários naquele ano, pois nas experiências anteriores havia percebido que os alunos mudam suas atitudes com a presença de estagiários, dificultando o trabalho diário. Outra professora da disciplina presente disse que havia gostado da experiência do ano anterior, que tanto ela contribuiria como tinha expectativas de que o trabalho seria significativo para todos. Disse estar disponível para qualquer problema que tivéssemos e procuraria nos auxiliar da melhor forma possível, o que nos trouxe certo alívio e segurança.

A vice-diretora explicou as regras da escola, o funcionamento dos diferentes espaços, e disse também estar disposta a colaborar com o crescimento dos estagiários, entendendo que com isso estaria formando profissionais. Ela pediu que tivéssemos cuidado com as palavras, pois para educar é importante que nós, educadores, não utilizemos gírias, termos grosseiros, atitudes e palavras inadequadas.

Ao sairmos da reunião, dirigimo-nos a nossa professora de Prática e fizemos menção à posição de uma das professoras de Geografia em não querer trabalhar com estagiários, dizendo: *"A porta não está tão aberta!"*.

Conforme o cronograma, deveríamos inicialmente conhecer o espaço escolar e seus sujeitos para entender os horários de funcionamento das salas específicas – vídeo, biblioteca, laboratório de informática, xérox – e conhecer o acervo. Esse conhecimento, aparentemente sem importância, seria muito útil para nossa atuação como "professores estagiários".

Após o período de estudos das relações do espaço escolar, assistimos a aulas em diferentes classes e selecionamos a sala para exercer a nossa regência. Escolhemos uma sexta série, atraídos pelo tema "As paisagens nos diferentes domínios morfoclimáticos no Brasil", pois já visualizávamos diferentes formas de trabalhá-lo. O que mais nos motivou a escolher a sala foi sentir que eles guardavam ainda um brilho de curiosidade na expressão!

Fomos muito bem recebidos pelos alunos quando anunciamos que daríamos aula de Geografia para eles naquele semestre. Uma porta se abria...

Uma ação que poderia ser rotineira para a professora regente, como a correção de provas, para nós era um passo importante rumo à nossa profissionalização. Corrigir provas... Quantas mil corrigiremos? Mas aquele momento nos ajudou a conhecer o conteúdo trabalhado anteriormente, as dificuldades dos alunos com alguns conceitos, e fomos aos poucos entramos na rotina da escola. Nesse mesmo dia participamos do Conselho de Classe, o que nos ajudou a conhecer os problemas de cada aluno e aqueles que necessitavam de maior atenção. A oportunidade de conhecer melhor os alunos estreita a relação afetiva com os professores, criando um ambiente propício para a construção do conhecimento tanto intelectual como moral e emocional.

No nosso primeiro dia de regência, a professora nos apresentou como "professores" e foi bastante enfática sobre o respeito que eles, alunos, deveriam ter conosco. Deveríamos nos apresentar aos estudantes, que, voltados para nós, faziam silêncio, querendo ouvir o que tínhamos a dizer, mas as palavras saíam baixinho das nossas bocas. Éramos aprendizes, na mesma condição em que eles, e não completamente preparados ainda como professores.

Não obstante, nosso primeiro contato com a sala escolhida se mostrava promissor. Havíamos encontrado um grupo dessa classe na biblioteca fazendo um trabalho com muito entusiasmo, e percebemos que eram alunos sérios e responsáveis. Iniciamos uma conversa com eles, para saber se estudavam lá havia muito tempo, a idade e o nome de cada um deles. Essa conversa nos aproximou e nos ajudou a associar alguns nomes e atitudes, o que facilitou a comunicação nas aulas, assim como fora dela.

A nossa professora de Prática sempre nos disse que não precisaríamos ter medo das perguntas dos alunos, pois não somos enciclopédias e, portanto, não somos detentores de todas as respostas. "O que precisamos é indicar caminhos para a busca das respostas". Mesmo nos lembrando dessa afirmação, o fato de não termos as respostas e o medo de errar faziam com que o mundo parecesse estar prestes a desmoronar.

Para nos precavermos de qualquer imprevisto, anotávamos todo o conteúdo que a professora regente trabalhava e as observações de como acontecia a relação entre professor e aluno, assim como dos alunos entre si. Notamos que muitas vezes a professora devolvia as perguntas dos alunos com outras perguntas, forçando-os a pensar ou rever as anotações das aulas. A aula da professora regente a que assistimos foi muito importante para nós, pois ela sempre usava uma linguagem apropriada, tirando facilmente respostas dos alunos enquanto explicava o conteúdo. Na correção dos exercícios ela provocava discussões para que os alunos corrigissem as próprias respostas equivocadas.

Anotamos também aqueles que eram comportados, conversadores, interessados ou alienados, tudo! Um diário detalhado das circunstâncias, pessoas, objeto de estudo! Tudo isso nos ajudou muito na preparação das aulas, porque nos permitia situar o objeto de aprendizagem em relação aos sujeitos e fazer o ensaio do melhor recorte e dos melhores caminhos de construção.

Havia uma média de 35% de alunos que entregavam as tarefas ou acompanhavam a correção das atividades propostas em sala. Para nós era difícil saber se os 65% restantes tinham dificuldade de concentração, preguiça de ler e tentar entender, ou eram apenas alienados.

A professora regente parecia ter domínio de conteúdo e da disciplina da sala, conseguindo uma boa dinâmica na realização das tarefas. No entanto nós não sabíamos lidar com a indisciplina, principalmente quando os alunos começavam a gritar ou brigar, e

mesmo com situações mais simples, como a de grupinhos de meninas ou de meninos que cochichavam a aula toda.

> Não havia receita, pois os acontecimentos eram imprevisíveis, envolvendo situações e sujeitos diversos.

Podemos afirmar com toda a certeza que a insegurança foi a marca de nossas estreias ("nossas estreias", porque a cada dia entrávamos na sala como se fosse o primeiro), pois sempre aconteciam contratempos além daqueles já vivenciados, o que nos obrigava a respirar fundo para tentar resolvê-los da melhor forma possível.

Lembrávamos-nos sempre da professora de Prática dizendo: "A aula é um acontecimento, ela nunca se repete". Estariam certas a professora de Prática e a professora regente, que dizem ser o tempo de experiência o que nos proporcionará habilidade para ver, ouvir, analisar, entender o fato e tomar atitudes adequadas?! Difícil imaginar que algum dia teremos essa competência...

Talvez sim, pois depois de um tempo algumas emoções se acalmaram e foi possível ir para a aula com mais segurança, apesar dos constantes e novos desafios.

A aula sobre domínios morfoclimáticos foi uma continuidade do trabalho solicitado pela professora regente. Não nos caberia "expor o tema", pois o trabalho dos alunos era de investigação da diversidade de paisagens nos domínios morfoclimáticos. Para isso, a professora regente havia disponibilizado revistas com fotografias de paisagens de diferentes regiões brasileiras que pudessem ilustrar suas descrições.

Como os alunos do ensino fundamental não conhecem a sistematização do método científico de pesquisa, decidimos orientar os grupos de alunos na organização dos trabalhos.

Entendemos que ajudar os alunos na organização de um trabalho baseado nos métodos científicos de pesquisa seja tão importante quanto estimular a investigação. Ao discutir o trabalho com os alunos, percebemos muitas vezes que o objetivo não estava claro para eles. Selecionamos um texto para que eles recortassem os parágrafos com a caracterização de cada domínio e os associassem às fotografias das paisagens dos respectivos domínios. Fizemos um inventário de todo o material coletado e passamos à elaboração do texto e organização do trabalho: sequência, título, subtítulo, índice, ilustrações. Com o corpo do trabalho elaborado, relemos o texto em conjunto para que os alunos associassem as imagens das paisagens das fotos às características descritas. Deixamos bem claro como proceder em cada uma destas etapas: colocar tópicos, separar e ordenar as partes, ler e entender para separar ou unir textos, ler e saber como organizar os tópicos e subtópicos etc. Dois momentos foram polêmicos: a escolha do título, porque eles apresentavam sugestões vagas, não se preocupando em colocar no título a síntese do conteúdo trabalhado; e a organização do material em sequência, porque eles queriam obedecer a cronologia do trabalho e não entendiam que ela deveria ser construída com a lógica das ideias. A escolha da ilustração da capa foi concorrida e eles gostaram muito de colocar o nome dos integrantes do trabalho como "autores".

Ajudamos também os alunos na organização do trabalho em grupo: distribuição de tarefas, delimitação de responsabilidades, assim como regras para cumprimento das tarefas, penalidades para faltosos. Finalmente dissemos que o trabalho coletivo pressupõe a opinião do grupo, e deve ser discutida e compartilhada por todos antes das decisões finais.

Esperamos que nossa contribuição em iniciá-los nos procedimentos de pesquisa tenha sido significativa, uma vez que o objetivo do ensino em geral e da Geografia em particular é a formação de atitudes investigativas. Acreditamos que com essa ferramenta, a metodologia da pesquisa científica, esses alunos possam ter autonomia para ressignificar a Geografia, e ousaríamos "sonhar" que eles se tornarão pesquisadores eternos para entender o mundo.

A professora regente nos incentivou e nos encorajou em todo o processo, fazendo comentários animadores a cada aula.

Apesar de não termos levado projetos inovadores para a escola, nós nos esforçamos, trabalhando com seriedade e compromisso.

Os professores nem sempre estão abertos para mudanças radicais em sua sala, e, embora a professora regente fosse muito flexível neste sentido, não sabíamos exatamente como introduzir nossas propostas. Orientamos os alunos nas etapas de uma investigação e organização de um trabalho científico e esperamos que eles tenham entendido um pouco mais o significado de paisagem e domínio morfoclimático.

Temos nos perguntado como possibilitar que estes alunos conheçam a verdadeira Geografia. Viajamos, observamos as paisagens e admiramos os fatos geográficos para aprender a verdadeira Geografia.

> Mas se o aluno não tem oportunidade de ver a Geografia presente no cotidiano, como ele poderá entender que os próprios olhos fazem diferentes leituras de um lugar? Se existem lugares indescritíveis, como passar o indescritível?

Pisando em muitos lugares, conseguimos entender verdadeiramente onde eles estavam localizados no mapa.

Através dos livros podemos conhecer diferentes realidades geográficas. Temos também os vídeos, as pessoas que viveram ou vivem em outros países, os viajantes, os imigrantes, os carteiros, os pássaros e os próprios alunos, que fazem a sua Geografia todos os dias e têm muito a ensinar.

Na nossa ingenuidade e falta de experiência, julgávamos sair da regência com todas as nossas questões respondidas, quando, na verdade, saímos com inúmeras outras. Elas serão a nossa motivação para continuar os estudos mesmo depois de graduados, para a conquista da nossa autonomia intelectual e profissional.

Esperamos ter contribuído para a melhoria da integração entre a universidade e a escola básica construindo uma pesquisa colaborativa na qual fomos sujeitos, porque tivemos oportunidade de participar das discussões nos espaços coletivos da universidade e da escola básica, expondo a nossa perspectiva sobre a realidade escolar encontrada. Estudamos o espaço escolar para planejar, executar nossas aulas e nos avaliar. As mudanças que sugerimos no processo só poderão acontecer como parte de um projeto da escola, e não de uma aula isolada. Se houver continuidade, ainda poderemos assistir ao advento de uma escola viva.

Aulas tediosas, alunos alienados

Fabiano Antônio de Melo

> "[...] que substitua o enciclopedismo pelo aprofundamento, a informação morta pela análise viva, o individualismo e o autoritarismo na sala de aula pela cooperação e a transmissão de um conhecimento tido por canônico pela experiência da dialética de pontos de vista contrastantes".
> Roberto Mangabeira Unger, *Ensino e futuro*.

Entre os estudantes do ensino básico, é grande o número daqueles que encaram a escola como um martírio a ser enfrentado somente como dever, seja por imposição dos pais, seja por exigência do mercado de trabalho. Tais exigências, muitas vezes, avaliam a escolarização apenas quanto à quantidade de anos cursados, e não quanto à qualidade dos conhecimentos científicos e humanísticos.[1] Daí a percepção perversa da função da escola.

Um dos reflexos claros dessa noção em nossa sociedade é a quantidade de "escolarizados" que cumprem os anos escolares apenas em termos temporais, de tal forma que 47,8% dos brasileiros acima de 15 anos de idade frequentaram a escola por mais de oito anos e, ao mesmo tempo, desse total, somente 25% podem ser considerados plenamente alfabetizados: 75% é o índice de analfabetos funcionais em nosso país, segundo dados do Instituto Paulo Montenegro (IPM) referentes aos últimos dois anos.[2]

O que ocorre, então, com os brasileiros que possuem pelo menos o ensino fundamental e não conseguem sequer compreender o que leem ou resolver operações matemáticas simples? Por que temos uma massa de "escolarizados" que assiste de forma passiva às mazelas que atingem o país – como os constantes casos de corrupção política –, dando ao Brasil o título de "país de público e não de povo"? Os valores parecem invertidos em nossa sociedade: compramos roupas, mas não temos dinheiro para comprar livros. Cigarro pode ser um item do orçamento, mas jornal é muito caro! Temos lugar para televisão em nossas salas, mas não há espaço para escrivaninha.

Quais seriam as causas do desinteresse pela educação, seguido do empobrecimento cultural, em nossa sociedade?

Está havendo no mundo todo uma valorização cada vez maior de aparatos tecnológicos em detrimento da leitura, da escrita, da reflexão, dos debates sobre ideias entre amigos e no seio da família. Há nos intervalos entre programas televisivos "debates" sobre pessoas envolvendo um recorrente "falatório" vazio de ideias, desprovido de propósitos, que empobrecem e formam valores equivocados. Segundo relatório publicado recentemente pela União Internacional de Telecomunicações (UIT), órgão ligado à ONU, os menores de 18 anos em todo o mundo dedicam, em média, 26 horas por semana aos meios digitais e à televisão e apenas 2 horas a jornais, revistas e cinema.

A escola, pelo seu caráter clássico de espaço das relações humanas, tornou-se, nesse contexto, um lugar subjugado por uma adolescência que se identifica com um mundo cada vez mais colorido, medido por *bytes*; uma adolescência que se relaciona por redes virtuais, desprendida de valores reais, que privilegia as *lan houses* dos nossos tempos.

Na verdade, a angustiante constatação é o problema global de desvalorização do saber construído nas escolas em favor de informações cada vez mais alienantes. No Brasil, no entanto, o problema é mais grave, pois é na escola que vem ocorrendo, paradoxalmente, a negação da própria instituição escolar como ambiente de construção do conhecimento, de formação de seres pensantes, de mentes críticas.

O ensino formal tem a função de proporcionar ao aluno recursos instrumentais e humanos que o orientem na construção do seu conhecimento, de modo que ele faça parte do processo ensino-aprendizagem como sujeito, e não fique passivo e alienado. Para que um aluno tenha um bom desenvolvimento intelectual e se torne um ser reflexivo e crítico, julgamos necessário que ele possa analisar o objeto do conhecimento associado às contingências da realidade socioeconômica e às conjunturas naturais.

Aulas centradas no professor, com alunos submetidos à recepção passiva de suas palavras, são comuns em nosso sistema de ensino. "O professor cai numa voz sonora maçante para si mesmo e para os alunos e, de certa forma, incentiva a dispersão deles. Até mesmo os auxilia no papel de ouvintes desinteressados" (Freire e Shor, 1986: 154). Consideradas de abordagem tradicional de ensino, essas aulas, além de não serem adequadas aos objetivos da educação formal, bloqueando as habilidades reflexiva e investigativa, são formas institucionalizadas de aniquilamento de criatividade, motivação e autonomia dos alunos.

Uma pesquisa que realizamos com vinte alunos de 11 a 18 anos de duas escolas públicas do município de Maringá (PR), sobre a visão deles em relação às aulas e aos professores, comprovou essa ideia. Quando questionados sobre a forma como as aulas são ministradas em suas turmas, 85% responderam: "Os professores passam no quadro, explicam, e a gente faz exercícios no caderno". Alguns ainda ressaltaram que os professores "falam demais" ou "gritam demais". Os outros

15% que responderam a essa pergunta mencionaram o problema da indisciplina dos alunos em sala de aula. Notamos que grande parte dos alunos está entediada e considera as aulas monótonas e maçantes, e, em função disso, 75% dos entrevistados afirmam que a aula ideal é aquela em que o professor realiza mais atividades práticas, dialoga e respeita o pensamento dos alunos. "Eu sou bem difícil de entender as coisas; e daí quando eu começo a perguntar demais os professores já se irritam, já param"; "Professores que só querem falar e querem que entre tudo na cabeça" – são relatos de alunos que durante a pesquisa manifestaram sua insatisfação com o método rigoroso "professor-falante, aluno-ouvinte".

Como reverter, então, esse quadro de conflito?

Muitos estudiosos têm indicado caminhos. Nesse sentido, Paulo Freire, educador brasileiro internacionalmente conhecido pela sua efetiva contribuição para a prática pedagógica libertadora, propõe a pedagogia dialógica, na qual o professor não faz coisas para os alunos, mas, sim, com os alunos. É preciso que o professor crie circunstâncias desafiadoras para que o aluno seja estimulado a buscar e a investigar as soluções aos problemas identificados pelo grupo. Na "educação bancária", o professor "deposita" o conhecimento como se ele fosse algo pronto e imutável, considerando os alunos como ouvintes passivos e reprodutores das suas sábias palavras. O aluno precisa ser estimulado a ler. A aula precisa ser um coletivo para estimular discussões. O aluno precisa ser desafiado a organizar e expor suas ideias, construir argumentos com lógica para defender seu ponto de vista. Faltam nas escolas momentos de discussão, que são diferentes das exposições orais de temas pesquisados em enciclopédias e preparados como espetáculo para ouvintes passivos. O que aprende um grupo de alunos que expõe um trabalho dessa natureza? O que aprendem os outros que apenas ouvem e assistem ao espetáculo? Tudo dito, tudo afirmado, não há momentos para dúvidas, não há questionamentos, apenas "verdades" selecionadas por uma "mente brilhante".

O professor precisa ter consciência de que as "verdades" não existem enquanto entidades absolutas e perpétuas, pois nada mais são do que concepções socioculturais que podem ser refugadas no decorrer da história em função de novas circunstâncias. Não sendo, assim, o conhecimento, algo pronto e estático, as aulas não podem ser ditames de "verdades absolutas". A esse respeito, Gusdorf (1995: 207) afirma que o verdadeiro mestre: "[...] é aquele que ultrapassou a concepção de uma verdade como fórmula universal, solução e resolução do ser humano, para se elevar à ideia de uma verdade como procura".

Para que essa procura ocorra no ensino-aprendizagem é necessária uma prática interativa. A sala de aula, segundo Passini (2002), deve ser um ambiente para o aluno ser convidado à pesquisa, à leitura reflexiva e crítica, à produção de textos, bem como à utilização de pensamentos próprios na oralidade e na escrita. Afinal, segundo a mesma autora, a proposta de formação de investigador não pode ser confundida com copiador de enciclopédia e reprodutor de revistas e jornais, ou, mais recentemente, com compilador de sites da internet. O ditame do ambiente escolar deve ser a busca conjunta – professor e aluno – pelo conhecimento; o professor deve orientar a pesquisa do aluno para que ele avance do empirismo para uma construção de conhecimento sistematizado.

Devemos considerar também, juntamente com a abordagem e em função dos anseios de estudantes inseridos em um mundo cada vez mais dinâmico, o que Freire e Shor (1986) chamam de natureza estética da educação, na qual incluímos a postura do professor, a forma de falar (também quanto ele fala, pois se professores falam mais, alunos falam menos) e até mesmo o caminhar (ensino peripatético) pela sala. Todos os alunos entrevistados na pesquisa das duas escolas de Maringá mencionaram a importância de momentos de reflexão nas aulas sobre assuntos que envolvem seu dia a dia, mesmo que fora do conteúdo da disciplina, e consideraram o caminhar do professor pela sala como conduta aproximadora.

Todos esses fatores de natureza estética da educação devem ser somados a uma abordagem que oriente o aluno na construção de seu conhecimento. Detalhes muitas vezes desprezados, como o entusiasmo e a paixão do professor pela disciplina que leciona ou a sua função de ensinar, podem mudar uma aula. Um geógrafo brasileiro de renome, Helmut Troppmair,[3] observou que "um professor que entra na classe carrancudo já cria um ambiente hostil. Seu comportamento e semblante têm que transmitir alegria e equilíbrio".

É inegável que para uma criança ou adolescente seja preferível ficar brincando em casa ou na rua a ter que ir à escola, pois é preferível para ela ler a realidade a ler as palavras apenas. O domínio escolar, como está posto, determina que os alunos descrevam as coisas, não as compreendam. "Eles são mantidos só no nível superficial da realidade, não vão além, não chegam a uma compreensão crítica profunda sobre o que torna sua realidade o que ele é." (Freire e Shor, 1986: 165)

Sendo assim, é necessário que os responsáveis pelo sistema de ensino no Brasil – desde professores a secretários de educação – discutam novas abordagens de ensino, que analisem os efeitos das aulas tradicionais sobre os alunos. A realidade analisada nos mostrou que a aula expositiva é um vício de grande parte dos professores que não têm se preocupado em refletir sobre o problema alienante da sua didática e não contribui para a formação do cidadão pensante, crítico, responsável e participativo.

Os assédios dos aparatos tecnológicos, a rapidez e a intensidade da circulação das informações tornam o mundo uma esfera dinâmica e integrada. Nas salas de aula falta motivação. O sistema educacional não pode perder de vista tal realidade; não pode acreditar que o método do discurso professoral seja suficiente para a formação de seres pensantes e atuantes na sociedade, pois tais habilidades não se adquirem por um passe de mágica, mas, sim, pela prática na realidade cotidiana. Os alunos

não serão seres críticos se não criticarem, não serão investigadores se não investigarem, não conhecerão se não construírem o conhecimento.

A realidade visitada nos faz perguntar: quem irá festejar o tédio e a alienação de nossos alunos?

Notas

[1] Um conhecimento científico se dá por meio do domínio de conceitos e de estratégias que permitam descobrir, modificar ou aperfeiçoar fenômenos ou objetos do espaço humano. O conhecimento humanístico, por sua vez, é fundamental à reflexão do homem acerca do espaço no qual vive, das relações sociedade-natureza, bem como da conscientização moral e de sua essência enquanto ser pensante.

[2] É considerada analfabeta funcional, pela Organização das Nações Unidas para Educação, Ciência e Cultura (UNESCO), a pessoa incapaz de utilizar a leitura, a escrita e a matemática para fazer frente às demandas de seu contexto social ou para continuar aprendendo e se desenvolvendo ao longo da vida. A referida porcentagem de analfabetos funcionais no Brasil inclui todos os níveis de analfabetismo funcional na classificação do IPM, que vão de analfabeto pleno a analfabeto nível básico (incapacidade de compreender textos longos ou resolver problemas matemáticos mais complexos). Para saber mais, sugere-se: Daniel Augusto Moreira, Analfabetismo funcional: introdução ao problema, São Paulo, FEA-USP e FECAP, 2000, em abmbrasil.locaweb.com.br/cim/download/Daniel_Augusto_Moreira.doc.

[3] Em colóquio realizado no "IV Encontro Latino-americano de Geografia Física", em 2006, em Maringá-PR.

Referências

MOREIRA, Daniel Augusto. *Analfabetismo funcional:* introdução ao problema. São Paulo, FEA-USP e FECAP, 2000, <abmbrasil.locaweb.com.br/cim/download/Daniel_Augusto_Moreira.doc>

FREIRE, Paulo; SHOR, Ira. *Medo e ousadia:* o cotidiano do professor. Rio de Janeiro: Paz e Terra, 1986.

GUSDORF, Georges. *Professores para quê?:* para uma pedagogia da pedagogia. São Paulo: Martins Fontes, 1995.

IPM – Instituto Paulo Montenegro. Web: <www.ipm.org.br/an.php.>, acessado em 25 de novembro de 2006.

PASSINI, Elza Yasuko. Aula de Geografia em sala ambiente. *Ciência Geográfica*. Bauru, v. 1, n. 21, jan.,/abr. 2002, pp. 8-11.

UNGER, Roberto Mangabeira. Ensino e Futuro. *Folha de S.Paulo*, 2006.

Recursos didáticos: do quadro-negro ao projetor, o que muda?

Carlos Eduardo Vieira
Medson Gomes de Sá

> "Escasseiam os que fabricam coisas, e seu trabalho, instrumentalizado, ampliado, mecaniza-se cada vez mais. [...] Como última fronteira, descobrimos o humano, o não automatizável: a abertura de mundos sensíveis, a invenção, a relação, a recriação continuam sendo coletivas".
> Pierra Lévy, *A inteligência coletiva*.

Todo professor sempre segue um método de ensino. Para ensinar deve haver um método, mesmo que este seja simples.

O método diz respeito à "forma" como se pretende trabalhar um "conteúdo" para atingir um objetivo. O método inclui a escolha de recursos didáticos e a dinâmica da aula. A voz, o quadro-negro e giz são os recursos mais simples e antigos que o professor tem utilizado. O professor tem liberdade e ao mesmo tempo uma responsabilidade muito grande na escolha da forma e conteúdos para melhor atingir os objetivos propostos.

Nós sabemos, por experiência de ser aluno e professor, que um bom recurso nem sempre garante a aprendizagem significativa do aluno. Pensamos que o fundamental seja o domínio de conteúdo e "a motivação" para aprender e ensinar, pois a aprendizagem só se constrói numa relação de reciprocidade. A aula é um acontecimento no qual há uma relação entre sujeitos: professores e alunos.

Nos dias atuais, as crianças e os adolescentes com acesso a informações veiculadas pela mídia impressa e eletrônica dificilmente vão se interessar pelas explanações unívocas e teóricas do professor. A escola é uma célula social, precisa ser participativa e inclusiva e nela o professor deve conhecer bem os recursos de mídia para utilizá-los com objetivos claros e, principalmente, inseridos no planejamento. Esse tema será explanado no capítulo "Multimídia na escola".

Não podemos desprezar o professor do giz e da lousa, pois temos assistido a aulas produtivas sem nenhum aparato tecnológico. Acima de tudo, um professor que tenha domínio de conteúdo e conheça seus alunos consegue trabalhar qualquer tema interagindo com eles, trazendo o seu cotidiano como exemplos para os conceitos. O capítulo "A didática da afetividade" expõe a importância de o aluno perceber a Geografia presente no seu cotidiano.

A aula dinâmica, que tem a participação do aluno como sujeito na construção partilhada do conhecimento, pode ser bastante produtiva porque o aluno está motivado a buscar as informações e comprometido com as análises para comprovar seus argumentos. É uma aula rica em conteúdo e todos saem com o conhecimento melhorado, porque a cooperação na construção de um saber coletivo motiva todos que dela participam. Não é reprodução, não é "ditação", não é cópia: é invenção dos autores.

A nossa preocupação é ajudar os alunos a se tornarem pesquisadores, orientá-los a seguir os procedimentos de uma metodologia científica de investigação. A internet pode, sim, auxiliar como fonte nessas investigações, mas é preciso que o aluno consiga selecionar as informações, organizá-las e tratá-las para que elas tenham lógica e possam realmente auxiliar na busca das respostas pretendidas.

> Este é o desafio no momento atual para professores: incorporar os recursos disponíveis da mídia numa aula realmente produtiva e desafiadora.

Não são os recursos didáticos que transformam aulas de reprodução em aulas de construção. Temos que definir se queremos formar alunos copiadores ou criativos, alunos submissos ou críticos, se utilizamos pensamentos prontos ou incentivamos nossos alunos a pensar; enfim, essa decisão metodológica é do professor. Colocamos a seguir sugestões de alguns recursos que podem ser utilizados ou adaptados nas aulas de Geografia.

Jogos

Os jogos constituem um recurso pouco aplicado nas salas de aula, mas de elevado valor, por criar certa expectativa, ansiedade e entusiasmo nos alunos. O jogo em si é lúdico, desafiador, e aceito por todas as idades, tanto dentro como fora da sala de aula. Para os alunos é algo que surpreende, pois o jogo surge como um desafio às suas habilidades e conhecimentos, e para isso procuram conhecer as regras e estudar as estratégias para vencer. Ele traz para os participantes uma integração alternativa, melhor interação social e responsabilidade tanto individual como coletiva. Ele ajuda as pessoas a desenvolver uma melhor coordenação motora, ativa o raciocínio lógico e melhora a habilidade nas tomadas de decisão. A derrota é vista como desafio para a autossuperação e a procura do aperfeiçoamento de habilidades estratégicas.

"O professor deve usar sua inventividade para criar seus próprios jogos, de acordo com os objetivos de ensino-aprendizagem que tenha em vista e de forma a adequá-los ao conteúdo a ser estudado." (Haidt, 1994)

A respeito da utilização de jogos educativos, o capítulo "Como aprender Geografia com a utilização de jogos e situações problema" traz mais detalhes.

Vídeo

O vídeo é um recurso importante para fixar melhor o conteúdo durante a aprendizagem dos alunos. As imagens ou cenas apresentadas através do vídeo são importantes, principalmente para visualização da paisagem tanto rural como urbana. É importante que, além de permitir essa visualização, o professor coloque questões para que os alunos passem da simples observação dos elementos da paisagem à sua leitura analítica. Mesmo filmes como *Doutor Jivago*, aparentemente apenas um romance, podem ter diferentes perspectivas de análise histórica e sociopolítica, como a simples descrição da paisagem siberiana. Novamente enfatizamos que, mesmo com o vídeo de boa direção, imagens e produção, o aluno não deve ficar passivo no processo, porque estaríamos substituindo a aula expositiva dada pelo professor por uma aula expositiva eletrônica.

O professor precisa explorar as imagens e suas sequências, articular tempo e espaço e extrair informações para se valer das propriedades específicas de um vídeo: som, imagem e movimento.

O professor pode fazer o inventário de filmes em vídeo ou DVD de histórias, desenhos animados ou documentários, sobre fenômenos naturais e outros aspectos físicos e humanos em geral. Esse inventário facilitará o seu trabalho para ter um arquivo com classificação dos filmes por tema, abordagem, período histórico etc. Para um trabalho com filmes se pode igualmente ir ao cinema; no entanto, o vídeo e o DVD trazem a vantagem de poderem ser trabalhados no ritmo da classe: as cenas podem ser repetidas e congeladas para explicações, anotações, discussões e formulação de perguntas pelos alunos.

Como todo trabalho de sala de aula, a utilização de filmes deve ser cuidadosamente planejada, tanto no tocante a tempo, tema e abordagem como no que se refere às atividades anteriores e posteriores que os alunos executarão. Como temos dito de forma recorrente, os objetivos do tema e do recurso devem estar claros, a "sessão-cinema" deve ser planejada e preparada com antecedência: o docente deve assistir aos filmes para selecionar aquele que melhor se adapte à unidade planejada em relação ao tema, à faixa etária dos alunos e à duração. É importante que o professor anote o tempo para saber os momentos de interrupção para discussão e análise. Cabe ao professor também estabelecer os pontos a serem discutidos antes ou depois da "sessão" e possibilitar aos alunos a análise do assistido para além das cenas projetadas.

O professor pode ainda elaborar um roteiro de análises e interpretações e principalmente possibilitar o acompanhamento das ações que ocorrem no filme (quer romance, quer documentário) em um mapa.

A aula com a utilização de recursos audiovisuais também pode ser avaliada, principalmente em relação aos objetivos idealizados. Ela pode ser preparada na forma de questões, produção de texto, debate e outras, para que o professor consiga perceber o avanço dos alunos na construção de conceitos e habilidades como as de observação, ordenamento das sequências utilizando diferentes perspectivas, análise dos diferentes personagens, respectivas ações e reações diante dos problemas vividos etc. Cabe ao professor desafiar os alunos a analisarem o filme associando o tema do filme ao tema em estudo e aprender com esse recurso alternativo.

Informática

A informática é um instrumento de grande utilidade, por integrar outros recursos, como jogos, textos, fotografias, filmes, desenhos etc. O computador, no ensino-aprendizagem, auxilia os professores em suas aulas e serve como complemento na busca de dados para a construção de conhecimento. Segundo Leopoldo (2002: 131), "os pais já estão preocupados com a informatização e querem que seus filhos estejam preparados para vida profissional e social, pois a sociedade permite e exige novas formas de experiências que requerem novos tipos de habilidades e competência".

O leitor, no capítulo "Multimídia na Escola", encontrará outras formas de trabalhar o vídeo e a informática.

Precisamos tomar cuidado para que o ensino tradicional, baseado na recepção, memorização da informação e cópia do pensamento do professor por parte dos alunos, não transfira para os meios eletrônicos essa tarefa. Conhecemos muitos trabalhos de "pesquisa" que são apenas encadernação de impressões de páginas da internet ou fotocópias de revistas ou enciclopédias. Passamos apenas da passividade física para a passividade eletrônica. É preciso que o educador utilize essa tecnologia com criatividade pessoal, habilidade e técnicas para desenvolver atividades de construção do conhecimento. Uma contribuição importante do professor seria a construção de um manual de navegação para orientar os alunos para o uso inteligente, ajudando-os a selecionar e organizar as informações, a fim de que avancem em suas investigações com dados atualizados, ilustrações significativas e compreendam os temas em estudo.

Determinados recursos da informática possibilitam realizar simulações, mudanças de perspectiva, sondagem de documentos que podem favorecer a compreensão de fenômenos abstratos. Leopoldo (2002: 133) diz: "No entanto, a informática, não deverá ser vista como redentora da educação, mas sim como um elemento a mais a contribuir na construção de uma escola que pode desenvolver mecanismos que contribuam na superação de suas limitações".

Música

A música pode ser um complemento auxiliar das atividades desenvolvidas para interação com alunos nos trabalhos de ensinar e aprender Geografia. O professor não precisa conhecer nem compartilhar as preferências dos gêneros musicais de seus alunos, mas pode propor que eles façam um levantamento das músicas que tratem do tema em estudo. Por exemplo, "Três raças", de Clara Nunes, pode ser introduzida no estudo da população. A receptividade é quase sempre muito boa e promove a concentração.

Para alguns estudiosos, existe um trabalho muito integrativo do espaço musical. Quando tocamos uma música e permitimos aos alunos que dancem, estamos possibilitando que eles sintam o espaço por onde dançam. Os passos musicais da dança podem ser desenhados para realização de uma análise das relações espaciais construídas: topológicas, projetivas e euclidianas. Segundo Castner (1992), o espaço musical precisa ser explorado de forma que os sentidos da audição, da visão e do corpo sejam integrados para ver e sentir o espaço. Diferentes interpretações podem ser discutidas sobre a música, seu ritmo, sua harmonia, principalmente quando contextualizadas no momento histórico da sua elaboração. Toda arte é também expressão política e a música tem igualmente o seu lado histórico a ser explorado e sentido.

Uma professora nos relatou que um aluno, ao concluir sua exposição sobre "A Segunda Guerra", tocou a "Rosa de Hiroshima" e emocionou a todos.

Giz e quadro-negro

Dentre os recursos didáticos, podemos dizer que o quadro-negro é o que está mais inserido na sala de aula; mas é preciso que o professor saiba utilizá-lo com técnica. Uma sala sem lousa parece perder seu caráter pedagógico, a ponto de um quadro-negro num pátio ou em um parque poder suscitar a pergunta: "A aula vai ser aqui?".

O quadro-negro é uma ferramenta que precisa ser utilizada com cuidado. Existem algumas formas de utilização do quadro, que serve para:

- colocar os itens do plano da aula;
- apresentar a síntese das ideias debatidas;
- colocar as ideias dos alunos;
- colocar os dados fornecidos pelos alunos e organizar o debate;
- fazer esquemas;
- colocar um problema e suas implicações (mapa conceitual);
- colocar desafios.

De qualquer maneira, o professor precisa também saber organizar a utilização da lousa para que as ideias fiquem claras e sejam mais bem entendidas. A utilização da lousa, como qualquer outro recurso, necessita também de ser planejada, ordenando-se as unidades e subunidades. A utilização de giz de cor não pode ser aleatória, deve estar relacionada à organização lógica das ideias. A lousa representa a síntese da aula dada, e se o aluno conseguir visualizar e compreender o tema trabalhado refazendo o percurso seguido no processo a lousa terá sido utilizada com eficiência.

Não é concebível que o professor copie ou faça o aluno copiar textos longos na lousa. Para isso os meios impressos são mais eficientes, porque permitem melhor visualização e concentração para compreender, analisar e interpretar o conteúdo.

O professor ainda inexperiente pode fazer o rascunho dos itens que pretende colocar na lousa e estudar a forma de organização que permita aos alunos uma boa visualização e compreensão da síntese.

Na atualidade, as lousas eletrônicas, assim como os projetores multimídia, que possibilitam interação de recursos como mapas, fotos e gráficos, são novas formas que facilitam a vida do professor e podem tornar as aulas mais claras. Novamente, precisamos lembrar que a utilização de novas tecnologias não tirará os alunos da passividade se o professor não os desafiar a investigar. Seja qual for o recurso, a aula será produtiva se o aluno for o sujeito da construção do próprio conhecimento. É importante que o professor passe de mero expositor de conteúdo para a função de orientador e facilitador das investigações e provedor das fontes. Quem lê é o aluno, e ele precisa ser incentivado a ler e entender; a ler, entender e interpretar; a ler, entender, interpretar e analisar; a ler, entender, interpretar, analisar, identificar problemas e investigar as possibilidades de solução.

Textos: leitura, interpretação e elaboração

Em uma das reuniões realizadas com os professores regentes e coordenadores pedagógicos das escolas, uma das coordenadoras presentes nos solicitou um trabalho com a leitura e interpretação, porque, segundo essa educadora, "Não há necessidade de muitos recursos inovadores e aparatos tecnológicos. Nossos alunos precisam saber ler para entender". Apoiamo-nos em Molina (1992) para conhecer a sua proposta de "Ler para compreender" e adaptamos um guia para um texto que utilizamos na aula.

Um texto precisa ser lido com a intenção de ser entendido. Infelizmente ouvimos com frequência os alunos dizerem: "Dei uma lidinha", "Li por alto", ou ainda "Dei uma folheada". Naturalmente, deles não vamos conseguir extrair nem sequer as informações básicas do texto, muito menos uma análise das ideias para discussão de diferentes pontos de vista.

Para Molina (1989), precisamos ajudar os alunos a entrar no texto, iniciando pela significação das palavras desconhecidas ou ainda de duplo significado que precisem ser esclarecidas. Uma técnica que pode facilitar o trabalho para leitura e compreensão é a numeração das

linhas e parágrafos, para que tanto a busca de significado das palavras como a discussão de ideias possam ser efetuadas no texto.

A seguir, colocamos um roteiro auxiliar para os alunos praticarem uma leitura com compreensão.

1 – Coloque os subtítulos em cada parágrafo e sugira um outro título para os artigos:

    Desemprego ou tempo livre;
    Importância da mente humana;
    Máquinas substituem os homens;
    Novas lutas sociais;
    Produzir mais com menos;
    Revolução da informática.

2 – Coloque esses termos de iniciação em cada parágrafo para que faça sentido:

    Embora
    Infelizmente
    Atualmente
    É possível ver
    Progressivamente
    Questiona-se

3 – Selecione no texto os argumentos pessimistas e otimistas:

4 – Elabore cinco questões que podem ser respondidas com as informações e reflexões contidas no texto, e responda-as ou indique o parágrafo em que as respostas se localizam.

5 – Divida o texto em:

    Citação de fatos
    Ideias e reflexões
    Dedução
    Proposição
    Questões reflexivas

6 – Utilize o mapa de regionalização do mundo, localize os países citados no texto. Coloque outros países das mesmas categorias que estariam em situações semelhantes e explique as causas.

7 – No mapa de regionalização do mundo, que países estariam ainda vivendo uma situação inversa colocada no texto? Explique a sua resposta.

8 – Numa sociedade em que a jornada de trabalhadores é de vinte horas semanais, quais demandas vão surgir? Que problemas sociais podem ser previstos?

9 – Reescreva o texto após as discussões da classe.

Mapas e globos

Os mapas e globos são recursos imprescindíveis nas aulas de Geografia. Como diz Wittich (1964: 167), "O mapa nos ajuda a compreender a história e as rápidas mudanças que ocorrem no mundo de hoje, permitindo-nos, também, antever possíveis modificações futuras".

Como professores de Geografia, precisamos insistir nesses recursos e orientar sua aquisição pela escola, para que todas as salas de aula tenham o planisfério, o mapa do Brasil físico e político e um mapa da localidade, sem prescindir de itens também relevantes, como termômetro de máxima e mínima, barômetro, pluviômetro, lupa etc. É desejável que todas as salas da escola também tenham um globo, para que sempre o aluno possa localizar os fenômenos em estudo no mapa e no globo, possibilitando-se assim a educação cartográfica. Devemos ter sempre preocupação com a educação geográfica, a construção de referências de lugar e de tempo dos fenômenos em estudo. Precisamos nos habituar a localizar o fato em estudo no mapa e no globo, para que o aluno possa trabalhar suas estruturas da inteligência para o domínio espacial.

Algumas atividades específicas precisam ser desenvolvidas nas aulas de Geografia para que o aluno possa avançar nos níveis de leitura de mapas. Depois de responder, por exemplo, "Onde está a farmácia x?", ou "Aqui,

o que temos?" – o que corresponde ao nível elementar de leitura –, o aluno precisa ser capaz de avançar na leitura do mapa e conseguir responder: "Onde estão as outras farmácias no bairro ou cidade?" ou "Qual a lógica da localização das farmácias no bairro ou na cidade?".

Os trabalhos com mapas da localidade favorecem o desenvolvimento da educação cartográfica, pois os alunos conhecem os fatos e sua localização. A passagem do conhecimento concreto para a sua representação é facilitada quando o aluno consegue inicialmente mapear os fatos conhecidos. Para avançar para o nível de leitura global, essas etapas iniciais são muito importantes e estruturantes. No nível avançado ou global, o aluno poderá responder como é a organização do uso do solo urbano no espaço em estudo.

Como pudemos perceber, o mapa na sala de aula ajuda o aluno a procurar sempre a localização dos fenômenos em estudo, e criar essa atitude no aluno é um passo importante para a construção das relações espaciais e o desenvolvimento da função simbólica, que o ajudará a avançar nos níveis de leitura dos mapas.

A utilização de diferentes recursos está aliada também à dinâmica que o professor promoverá na aula. Ainda hoje é comum a colocação de carteiras em fileiras e colunas, colocando os alunos como ouvintes passivos e possibilitando a evasão de interesses, as conversas e brincadeiras de alunos que conseguem se tornar invisíveis atrás de colegas maiores.

Mesmo não utilizando recurso didático diferenciado além da lousa, giz, papéis e canetas, o professor pode dinamizar a aula organizando grupos de trabalho, fóruns simulados, painel, dramatizações etc.

Grupos de trabalho

Um recurso muito utilizado pelos professores e de bom aproveitamento na aprendizagem é a formação de grupos de trabalho. O conhecimento trazido por cada um dos participantes se transforma em outro conhecimento quando há troca de opiniões, exposição de ideias conflitantes e formulações críticas. Essa é uma função valiosa do grupo de trabalho no espaço escolar para a construção social do conhecimento.

Os grupos de trabalho precisam ser valorizados não apenas como alternativa à aula expositiva, mas, principalmente, por permitirem ao aluno o desenvolvimento da socialização, a construção das qualidades do ser social: responsabilidade, colaboração, participação, respeito à opinião do outro, atenção como ouvinte etc.

Fórum simulado

Esse recurso exige uma classe com alunos que consigam administrar diferentes perspectivas de um fato, assumir um ponto de vista, investigar e conseguir construir argumentos lógicos para a defesa do seu ponto de vista.

Uma experiência relatada por um professor tornou clara essa dinâmica. O tema da aula era a estrutura agrária. Os alunos leram o texto do livro didático e diferentes artigos de jornais que explanavam versões diferentes sobre a distribuição de terras, os programas de reforma agrária, movimentos dos sem-terra, discursos de políticos, discursos de proprietários de terra. A classe foi dividida em quatro grupos: um para defesa dos sem-terra, o segundo para defesa dos proprietários de terra, um para defender a reforma agrária e o quarto para funcionar como júri. As discussões eram conflitantes e o professor disse ter tido muito trabalho para conseguir manter a racionalidade das turmas. Todos tiveram que estudar não apenas o que lhes coube como papel, mas também o conteúdo dos demais para que pudessem prever seus discursos. O júri teve a responsabilidade de conhecer as três perspectivas e se concentrar na compreensão dos argumentos para dar o parecer final.

Jornal falado

Os alunos participam com entusiasmo na elaboração do jornal falado. Cada grupo pode preparar um pôster com fotos e síntese do estudo realizado. A hora da exposição é normalmente preparada com responsabilidade, e a mudança de ouvinte para expositor pode melhorar a motivação. Alguns professores alertam para o fato de essa dinâmica ser seletiva, porque pode se tornar uma competição de materiais de preços exorbitantes. É semelhante ao simpósio, com a diferença de que várias pessoas ou especialistas estudam o mesmo assunto, argumentam sobre ideias, trocam informações de maneira informal e depois apresentam seus conhecimentos e conclusões ao público, que logo retribui com uma série de perguntas.

Como em todo trabalho realizado em grupo, o professor deve cuidar do envolvimento de todos os participantes, de forma a evitar que o assunto seja conduzido por uma pequena parte do grupo.

Dramatização

A dramatização é uma prática educativa que exige do aluno a representação de um fato em estudo. A necessidade de expressar as ações – quer da sociedade quer da natureza – obriga o aluno a entender em profundidade o conceito, o acontecimento ou valores em construção. A mudança no foco do estudo motiva o aluno a desempenhar com êxito seu papel.

A valorização das múltiplas linguagens tem por objetivo criar condições para a expressão de alunos utilizando formas alternativas àquelas com as quais eles têm dificuldade.

Tanto podem ser representadas obras conhecidas da literatura como o grupo pode escrever uma peça utilizando os conceitos inseridos no trabalho em curso. Uma professora do ensino fundamental nos relatou ter adaptado o conto *Chapeuzinho Vermelho* para o estudo do ambiente. A menina de chapéu vermelho ia pelo caminho na floresta apontando mudanças na paisagem que ela percebia em relação ao tempo em que visitara a avó. Os alunos deveriam fazer as listas das mudanças possíveis que a personagem encontraria e inventar um diálogo em que o lobo e a avó discutissem as mudanças, utilizando para isso o diagnóstico do equilíbrio ambiental. A exemplo dessa professora, muitos outros trabalhos podem ser realizados, simples na proposta, mas capazes de suscitar reflexões que obriguem os alunos a analisar um problema, estudá-lo e propor alternativas para sua solução.

Os propositores do "Teatro Escola" orientam os professores a não realizarem uma transposição antididática do tema em estudo, na qual o aparato cênico camufla uma aula expositiva de modelo tradicional. Precisamos valorizar o que a representação teatral tem.

Em nosso dia a dia nós nos comunicamos usando variados gestos, múltiplos olhares e produzindo diferentes sons e entonações – inclusive ao pronunciarmos as palavras. Usamos a comunicação corporal. Tanto no faz de conta como nos jogos teatrais e ainda na representação teatral de aspecto cênico invariante (nos espetáculos teatrais propriamente ditos) nos relacionamos basicamente através da comunicação corporal (Japiassu, 2007).

A dramatização é um recurso que pode ser enriquecido se trabalhado em projeto interdisciplinar.

Podemos também, em classes menores, realizar dramatizações para construção de valores através do trabalho com espelho. Acima de tudo, esse tipo de trabalho possibilita aos alunos desenvolver a função simbólica, coordenação de pontos de vista, oralidade etc.

Outros tantos recursos didáticos e tantas dinâmicas podem auxiliar os alunos a aprender Geografia significativamente. Colocamos aqui alguns exemplos e esperamos que os professores fiquem motivados a realizar sua busca articulando forma e conteúdo para atingir o objetivo de ajudar o aluno a desenvolver o método científico de investigação.

Referências

CASTNER, Henry. *Discerning new horizons:* a perceptual approach to Geographic Education. Indiana: National Council for Geographic Education, Indiana University of Pennsylvania, 1995.

HAIDT, Regina Célia Cazaux. *Curso de didática geral.* São Paulo: Ática, 1994.

JAPIASSU, Ricardo. *Teatro Escola.* <www.ricardojapiassu.pro.br/TeatroEscola_rjapiassu.htm.>, acessado em 15 de março de 2007.

LEOPOLDO, Luís Paulo (org.). *Novas tecnologias na educação*: reflexões sobre a prática. Maceió: Edufal, 2002.

LÉVY, Pierre. *A inteligência coletiva*: por uma antropologia do ciberespaço. São Paulo: Loyola, 1994.

WITTICH, Walter Arno; SCHULLER, Charles Francis. *Recursos audiovisuais na escola.* Rio de Janeiro: Fundo de Cultura, 1964.

Como aprender Geografia com a utilização de jogos e situações-problema

Rafael Luís Cecato Klimek

> "Na sociedade atual, nossas vidas tornaram-se um grande jogo em que o desafio agora é aprendermos a ser também um bom jogador, já que é inevitável nossa condição de peças de um tabuleiro, cujas dimensões são cada vez mais complexas e cujas regras são cada vez mais incompreensíveis".
> Lino de Macedo e Nilson Machado, *Jogo e projeto*.

Proença Júnior (2002) afirma que o jogo é um instrumento pedagógico de grande potencial integrador e oferece também a oportunidade para a construção da habilidade de elaborar sínteses. Os jogos pedagógicos são baseados em modelos de situações reais e são amplamente reconhecidos por serem ao mesmo tempo lúdicos e válidos numa variedade de contextos de aprendizagem. Os modelos simplificam a realidade e os jogos oferecem um contato simulado com a realidade modelada, permitindo tanto a vivência e apreciação quanto o experimento e reflexão. O que distingue a forma de apreensão destes modelos através do jogo ou através da leitura e do estudo formal é a dinâmica lúdica do próprio jogo.

Segundo Macedo (2000), os jogos são propostos com o objetivo de coletar importantes informações sobre como o sujeito pensa, para ir simultaneamente transformando o momento do jogo em um meio favorável à criação de situações que apresentam problemas a serem solucionados.

Na atualidade, as dificuldades do exercício da profissão de professor são conhecidas principalmente pelos salários irrisórios, problemas com disciplina na escola e jornada excessiva de trabalho. Trabalhar quarenta horas semanais não é nenhuma anormalidade, no entanto, se considerarmos que o professor fica oito horas diárias trocando de sala a cada cinquenta minutos e que tem em média quarenta alunos por sala, entendemos por que há tanta evasão no quadro do magistério. É normal um trabalhador ter uma carga horária semanal de quarenta horas, porém a falta de estrutura nas escolas exige que o professor assuma funções além da regular de lecionar, corrigir trabalhos, atender alunos, pais etc. Fica distante a possibilidade de o professor se tornar pesquisador, atualizar-se teórica e metodologicamente. Esses fatores, somados à mudança nas orientações pedagógicas vindas de órgãos oficiais, geram insegurança e ansiedade no corpo docente e trazem como consequência a indisciplina discente no cotidiano escolar.

A realidade que vivenciamos na escola nos mostrou que os alunos, de forma geral, estão desmotivados a aprender. Na regência que realizamos notamos que a Geografia continua sendo "enfadonha" para muitos alunos. As possibilidades de o professor ser um problematizador para incentivar a busca do conhecimento exige que ele seja atualizado, leitor crítico e tenha acesso a novos métodos e tecnologias.

A construção de conceitos e habilidades, que tanto discutimos nas aulas de Prática de Ensino, foi quase uma "missão impossível" com uma classe desmotivada e superlotada.

Com sucessivas mudanças ocorridas no que se refere ao objeto e método do ensino da Geografia, ocorreram também mudanças nas propostas de ensinar e aprender tanto no ensino fundamental como no ensino médio. Algumas inovações propostas podem melhorar a motivação dos alunos, na medida em que os tornam ativos no processo da construção de conceitos, habilidades e valores. Alguns professores ministram suas aulas de forma expositiva seguindo uma Geografia altamente descritiva e totalmente dependente do livro didático.

Os Parâmetros Curriculares Nacionais de Geografia para o ensino fundamental propõem um trabalho pedagógico que promova a capacidade de observar, analisar, comparar, explicar, representar e conhecer as características do local em que se vive e assim possa construir noções de diferentes paisagens, bem como do espaço geográfico como produção da sociedade.

O ensino de Geografia deve possibilitar ao aluno a compreensão da realidade e instrumentalizá-lo para que faça leitura crítica, identifique problemas e estude caminhos para solucioná-los; mas para isso é necessário que os alunos e o professor sejam parceiros na busca de conhecimentos e saibam utilizá-los de forma a entender o espaço e analisá-lo geograficamente para estabelecer relações, associações entre o lugar e o mundo.

Os jogos e brincadeiras em situações-problema podem possibilitar um ambiente sem fluência a se tornar descontraído e vivo porque motiva os participantes a concentrarem seus esforços para atingir as metas.

A função do jogo não se resume na aprendizagem de algum tema ou habilidade inserida nas peças, mas é, acima de tudo, um instrumento auxiliar na socialização e na construção do conhecimento moral, pois trabalha com valores como respeito mútuo, responsabilidade e principalmente conhecimento e respeito às regras.

A utilização de jogos pode facilitar o trabalho do professor na avaliação dos alunos, criando situações para diagnosticar os avanços conquistados. Ao lado da possibilidade de melhorar a motivação dos alunos em aprender, o professor precisa estar atento para que a introdução do jogo seja cuidadosamente planejada na promoção da aprendizagem dos conhecimentos conceituais e procedimentais necessários para a disciplina na série em que trabalha.

Em situação de jogo há o desenvolvimento de concentração, descentração e coordenação de pontos de vista: perceber o outro, colocar-se no lugar do outro. Como essas situações exigem que o jogador faça escolhas e tome decisões, elas favorecem a formação da liderança.

Os jogos podem ser adaptados para aplicação de conceitos trabalhados como reforço ou avaliação. Por exemplo: é possível construir um dominó com combinação de explicitação de noções com o respectivo vocábulo; no "supertrunfo", além da forma sugerida pelo produtor, podemos desafiar os alunos a formar grupos como regiões de línguas, grupos de países exportadores e/ou importadores de determinados produtos, índices de IDH etc.

Com os jogos, os alunos utilizam o pensamento lógico, trabalham as ferramentas da inteligência, constroem habilidades motoras, domínio de espaço, e, principalmente, são sujeitos ativos, saindo da passividade.

De acordo com Meirieu (1998), situações-problema são acontecimentos ou movimentações ocorridas num jogo que fazem com que o aluno reflita e tente melhorar seu desempenho no desenrolar da disputa. Pensamos que, ao retomar aspectos importantes no jogo, o aluno está autoavaliando suas estratégias, seu desempenho, sua concentração e refletindo necessidades de mudanças de postura. Como relatado no capítulo "Avaliação no processo: aprender ensinando", a autoavaliação é um recurso muito significativo no processo de ensino e aprendizagem, e o jogo pode contribuir para que ela seja incorporada à rotina do aluno.

A ideia do uso de jogos faz com que o aluno tenha um comportamento o mais próximo possível do real. O jogador sempre se esforça para ter êxito, e quando não o obtém tenta ultrapassar as dificuldades com o auxílio do professor e colegas, analisando os aspectos que o levaram àquele desempenho, incorporando a autoavaliação em suas ações.

Perrenoud (1998) chama a isso de "avaliação formativa", ou seja, esta avaliação ajuda o aluno a aprender a se desenvolver no sentido de um projeto educativo. Essa constante avaliação faz com que o aluno transfira esse desenvolvimento para todos os âmbitos de sua vida além do escolar, como o social e o familiar.

> A aplicação dos conhecimentos pelo professor nos jogos faz com que os alunos adquiram habilidades que são e serão utilizadas em toda a vida, como atenção, raciocínio, observação, parceria, cooperação, classificação e outras.

Para a elaboração e posterior utilização de um jogo, é necessária toda uma preparação em relação ao material, conteúdo, ambiente, divisão da quantidade de pessoas por jogo ou por partida. Para isso, devemos considerar alguns aspectos fundamentais.

Primeiramente, é preciso considerar a finalidade da escolha do jogo, para que a atividade proposta aos alunos tenha objetivos claros e não acabe sendo apenas "o jogo pelo jogo". Em seguida, consideram-se o tema a ser abordado, esquemas utilizados, habilidades exigidas, a duração mínima e máxima, quantidade de participantes, faixa etária limites. Além disso, o professor deve preparar o ambiente do jogo para possibilitar a máxima concentração, também necessária como postura do estudante. Mesas, cadeiras e o ambiente devem ser confortáveis e convidativos para a realização do jogo. Os alunos devem entender que o jogo em situação de aprendizagem é uma aula e há necessidade de disciplina para jogar.

Alguns jogos de ambiente externo, como a "amarelinha", desenvolvem noções de espaço topológico, projetivo e euclidiano

e podem ser jogados sem observações categorizadas, porque essa construção é estruturante e irá influenciar as futuras.

Para a aplicação desses jogos há um método a ser seguido. Segundo Macedo (2000), são quatro as etapas fundamentais: 1 – exploração do material utilizado e aprendizado das regras; 2 – prática do jogo e construção de estratégias; 3 – construção de situações-problema; 4 – análise das implicações do jogar.

Na primeira etapa, é muito importante o aluno conhecer o material do jogo, assimilar e ter pleno conhecimento das regras. Esse momento tem que ser valorizado, pois desenvolve a observação do aluno, que é uma habilidade essencial no processo da aprendizagem.

Na segunda etapa, a intenção é fazer com que o aluno jogue cada vez melhor, desenvolvendo algumas habilidades como concentração, disciplina, tomada de decisões etc. Desse modo ele melhora sua ação no momento do jogo e busca criar estratégias cada vez melhores. O estudo das estratégias constrói o pensamento propositivo: o aluno precisa prever mentalmente os acontecimentos futuros para tomar sua decisão. O jogo mental que ele executa ativa as ferramentas da inteligência tanto quanto o jogo em si e deve ser estimulado pelo professor.

Na terceira etapa, o aluno tem um trabalho constante de observar e analisar aspectos ou detalhes do jogo que o professor julga importantes. Desse modo, ele passa a dominar cada vez mais a estrutura do jogo proposto, como explicá-lo, ou relembra algum momento ocorrido no jogo.

Na análise das implicações do jogar (quarta etapa), é mais produtivo comentar e analisar o desempenho do aluno no jogo com o próprio aluno do que com seus pais ou outros professores. O aluno é quem tem que ficar ciente e se motivar para eventuais mudanças no modo de jogar para que ele melhore seu desempenho. O professor pode alertá-lo sobre a importância de concentração na jogada do outro, de memorizar as estratégias utilizadas de forma cumulativa para prever jogadas futuras, suas e de seu adversário.

O que apresentamos nas páginas anteriores é resultado de nossa pesquisa sobre o jogo e as situações-problema como uma forma de atividade para estimular o desenvolvimento social, político, moral, emocional e cognitivo, assim como a capacidade do educando de fazer escolhas e tomar decisões, qualidades essenciais de um líder.

Convidamos os professores interessados a aplicar algum jogo em sala para observar as atitudes dos alunos, desafiando-os a criar e transformar os temas em estudo em jogos, como, por exemplo, um *puzzle* (jogo de encaixe), que pode ser elaborado a partir da fotografia de uma paisagem com os elementos recortados para serem juntados. A "trilha" pode, por exemplo, transformar-se em jogo geográfico, ao substituirmos o dado por um cubo cujas faces contenham os domínios morfoclimáticos. Os jogadores podem, assim, executar tarefas relacionadas à solução de problemas ambientais.

Visitem o site www.jogodeaprender.com.br para conhecer diferentes jogos de aprender com situações problema.

Macedo (2000) sugere também a utilização de jogos existentes no mercado, como "dominó", "resta um" etc., e discutir as regras para depois possibilitar aos alunos sugestões de mudanças das mesmas. É um exercício que exige o desenvolvimento do pensamento lógico e certamente motivará os alunos a participar desse novo desafio. Tudo parece possível se entendermos que o jogo traz, além desses conceitos implícitos, a construção do conhecimento moral.

Referências

KAMII, C. *Jogos em grupo na educação infantil:* implicações da teoria de Piaget. São Paulo: Trajetória Cultural, 1991.

KISHIMOTO, T. M. (org.) *Jogo, brinquedo, brincadeira e a educação.* São Paulo: Cortez, 1996.

MACEDO, Lino de; MACHADO, Nilson. *Jogo e projeto.* São Paulo: Summus, 2006.

MACEDO, Lino. *Aprender com jogos e situações-problema.* Porto Alegre: Artmed, 2000.

MEIRIEU, P. *Aprender... sim, mas como?* Porto Alegre: Artes Médicas, 1998.

PERRENOUD, P. *Construir as competências desde a escola.* Porto Alegre: Artes Médicas, 1998.

Multimídia na escola: formando o cidadão numa "cibersociedade"

Lorena Lucas Puerta
Paulo Roberto Nishida

> "As crianças nascem em uma cultura em que se clica, e o dever dos professores é inserir-se no universo de seus alunos. [...] Se a escola ministra um ensino que aparentemente não é mais útil para uso externo, corre um risco de desqualificação. Então, como vocês querem que as crianças tenham confiança nela?"
> Philippe Perrenoud, *Dez novas competências para ensinar*.

No decorrer da última década surgiu um novo mundo, com grandes mudanças, principalmente no campo das telecomunicações. A escola, como espaço celular da sociedade, deve acompanhar essa revolução tecnológica para que os educandos sejam cidadãos da cibercultura.[1] Concordamos que as novas tecnologias da informação e da comunicação interferem na organização do trabalho e das ideias, e justamente por isso é preciso aprender a utilizá-las como ferramenta auxiliar na tomada de decisões para não nos tornarmos usuários acríticos.

Como alerta Perrenoud (2000), professores que não se atualizam tecnologicamente, isto é, não aderem ao uso da multimídia, ficam em desvantagem em relação àqueles que delas se utilizam.

Existe uma diversidade de recursos que envolvem multimídia, como TV, VT, CD, DVD e programas de informática com combinação de textos, sons, imagens e animação, que tornam o tema em estudo dinâmico e permitem perceber uma nova dimensão de espaço e tempo. A internet também revolucionou as possibilidades de pesquisa, facilitando o acesso às fontes de informações, antes volumosas e lentas. Na atualidade, temos à nossa disposição, num toque de tecla, notícias on-line com recursos que nos permitem ver o acontecimento em tempo real. Parece não ser exagero dizer que temos acesso a tudo num espaço e tempo ilimitados!

Não obstante, temos que ter consciência de que esses recursos não garantem, isoladamente, a dinamização da aula, pois a tecnologia deve ser utilizada como meio. Corremos o risco de tornar uma aula com vídeo, TV, internet, quadro-negro ou projetor de multimídia igualmente unívoca e improdutiva. É necessário, portanto, que haja uma interação entre sujeitos e objeto do conhecimento: professor, aluno e conteúdo.

Toda aula deve ser planejada e o objetivo deve estar claro para a seleção do conteúdo, seja em filme, em vídeo, em jogo, em software ou em texto. O método de trabalho deve ser coerente com as abordagens planejadas para atingir os objetivos propostos.

Ao planejar uma aula, o professor deve ter acesso aos diferentes recursos que irá selecionar, pensando nos objetivos da aula, no tema a ser trabalhado, no nível de conhecimento existente e daquele conhecimento a ser construído pelos alunos. A multimídia é apenas um dos recursos possíveis.

Diversas são as formas de trabalho que o professor pode propor para que o objetivo de se utilizar um recurso de multimídia seja alcançado. Um filme pode ser um recurso motivador para desenvolver conceitos, valores ou habilidades de análise e coordenação de pontos de vista, mas é preciso escolhê-lo com cuidado, porque, ao assistir a um filme de duas horas, o aluno pode não perceber o conhecimento pretendido. O que fazer então? Interromper para explicar? Criar um roteiro para observação de determinadas cenas, personagens, acontecimentos? Interromper para discutir?

Na indicação de um site, o professor deve criar um guia de navegação para que o aluno não se perca em sondagens indefinidas, infinitas e cansativas, pois uma busca infrutífera é desanimadora – afora os riscos de encontrarmos respostas incompletas, distorcidas e até inverídicas.

A multimídia, com toda a facilidade e multiplicidade de possibilidades, traz uma responsabilidade ao professor, que precisa se atualizar e ser pesquisador também dessa nova ferramenta. Ele precisa ser um navegador para orientar a navegação e ser participante da inteligência coletiva que a multimídia criou.

> Sempre nos perguntamos: como integrar as habilidades dos jovens com as novas tecnologias e equipamentos aos estudos, para que estes sejam igualmente prazerosos?

Por outro lado, não podemos pretender que todos os alunos tenham condições de acesso a essas tecnologias, e para esses alunos ainda não inseridos na cibercultura a escola é um dos caminhos possíveis para que eles não fiquem à margem de um mundo repleto de mudanças, onde praticamente todos os dias ocorrem inovações. Esse mundo, que diariamente se transforma, muda o sujeito-usuário, seus hábitos e as ferramentas da inteligência de que ele necessita para acessar e trabalhar as informações disponíveis.

Cabe aos professores instigar os alunos a desvendar problemas, orientando-os tanto a buscar as informações em material impresso nas bibliotecas como a acessar sites para coletar dados, organizando-os e tornando-os compatíveis com as investigações em curso. A multimídia, com suas informações disponíveis, é um recurso que pode ser utilizado para ajudar os alunos a realizar pesquisas utilizando o método científico: coleta e organização de dados, análise, representação e elaboração da síntese. Dessa forma, a multimídia será um instrumento de investigação capaz de motivar os alunos, pois a busca através de meios eletrônicos é muito mais rápida do que aquela feita por meio de material impresso. A classificação e a representação de dados utilizando programas de planilhas eletrônicas facilitam e motivam a elaboração de tabelas e gráficos.

A utilização da internet com aprendizagem interativa possibilita à criança e ao adolescente a combinação entre o entretenimento e o estudo, provocando o hábito da leitura e o raciocínio lógico-matemático. Se a internet for trabalhada desta forma, não haverá passividade, pois é necessária a intervenção do usuário para que a informação seja transmitida, fazendo com que o aprendiz "navegue" pelos sites em busca de informação.

Precisamos analisar melhor a falta de interesse dos alunos por aprender. Acreditamos que eles não gostem de aulas reprodutivas nem de ficar estáticos na carteira, ouvindo passivamente a exposição teórica de um tema. Para o ensino de Geografia, a mídia pode ser um aliado significativo. Por exemplo, noticiar um terremoto com imagens em tempo real, colocando mapa que associe os locais das catástrofes daquele momento com informações históricas de outros terremotos, desenhando o círculo do fogo e um bloco-diagrama com recursos de computador, para explicar a teoria das placas tectônicas, pode melhorar a compreensão do fenômeno. As ferramentas da mídia vão permitir uma análise geográfica, associando os diferentes lugares e comparando a reação de povos de diferentes culturas. Permitirão também entrevistas com sismólogos que podem explicar a ocorrência de terremotos e vulcões e mostrar simulações das mudanças

ocorridas nos diferentes tempos geológicos.[2] Qual professor conseguiria dinâmica tão extraordinária com a voz, o giz e o quadro-negro? Não obstante, o risco de o aluno ficar passivo permanece. O aluno deveria ser desafiado a investigar outros terremotos, outras localidades com possibilidades de ocorrência dessas catástrofes naturais.

É necessário que a avaliação seja contínua, com análises da aprendizagem possibilitada pelo trabalho com a multimídia. É importante tomarmos as indicações das dificuldades dos alunos para podermos refazer o processo por diferentes caminhos, com vista à superação dessas dificuldades, da mesma forma como se procede com outros meios de ensino.

Nosso estágio

As nossas aulas com multimídia, vídeo, computadores – softwares e internet – foram realizadas com alunos da quinta série em uma escola estadual.

Exibimos um documentário de quinze minutos, com o tema "Poluição e degradação de águas em fundos de vale". Ele estava inserido no eixo "Modificações humanas no espaço geográfico". Com a preocupação de não deixar os alunos como "espectadores passivos", fizemos uma síntese do assunto, passando tópicos importantes que eles deveriam "perceber" e analisar no documentário. Pedimos que eles anotassem suas dúvidas e questões para discussão, e após o debate solicitamos a produção de um texto. Na avaliação dos textos, percebemos que os alunos haviam entendido o problema proposto da degradação dos fundos de vale, chegando mesmo a sugerir atitudes como reflorestar as margens dos rios e exercer o policiamento em relação ao lixo.

Na segunda aula passamos eslaides sobre diferentes sistemas de cultivo articulados às diferentes formas de relevo, tipos de solo e culturas. Pedimos aos alunos que relatassem a influência do solo e relevo na agricultura e os tipos de cultura existentes. Como síntese do trabalho, os alunos elaboraram um desenho envolvendo todos os aspectos exibidos nos eslaides.

A aula na sala de informática motivou a produtividade dos alunos, mas trouxe à tona alguns problemas de estrutura, como a insuficiente quantidade de computadores em relação à quantidade de alunos, pois trabalhamos com um computador para cada quatro estudantes.

Como o interesse dos alunos em utilizar computador era grande, resolvemos envolvê-los em uma pesquisa através de consulta a um hipertexto. O hipertexto tem sido bastante utilizado como forma de buscar informações em páginas da internet através de palavras-chave em destaque. O aluno navega pelas palavras colocadas em diferentes cores nos textos, o que, a um toque, possibilita a entrada em um outro site com informações sobre aquele contexto. É uma pesquisa que abre infinitas possibilidades, e o aluno precisa ficar atento aos objetivos de sua busca para não se perder em procuras vãs.

Se utilizado com orientação lógica, o hipertexto pode se constituir em uma ótima ferramenta didática para o ensino. Além de contribuir para a aprendizagem de diferentes temas, esse recurso ajuda na formação do pensamento não linear, pois as redes de conexão no hipertexto diferem daquela sequência ordenada das páginas de um livro. O leitor escolhe a sua forma de acesso por tema, por ferramenta, por data etc. Em programas interativos, há possibilidade de inclusão do texto do aluno, de respostas às questões colocadas e de participação em jogos que pontuam respostas corretas.

O trabalho dos alunos com a utilização de multimídia foi iniciado, como explicitado anteriormente, com discussões sobre "Poluição das águas e fundos de vale", a que os alunos assistiram em vídeo. Com o auxílio de eslaides de diferentes tipos de produção em solo agrícola, pudemos articular as ações da natureza e da sociedade, envolvendo análise de tipos de clima, de solo, de relevo e culturas da região de Maringá. Ajudamos os alunos a navegar pelas páginas da www.agricultura.gov.br e www.embrapa.br.

A utilização de softwares e sites exige também conhecimento do tema e do recurso para a realização de uma criteriosa análise e seleção.

As experiências com a multimídia foram construtivas. Motivaram a participação dos alunos nas aulas e acreditamos que tiveram como consequência uma aprendizagem significativa e prazerosa.

Nós, como educadores, temos o dever de inserir inovações tecnológicas em nossas aulas e de aceitar as novas tendências que se instalam a todo o momento; no entanto, precisamos ser vigilantes para não nos escravizarmos como usuários de ferramentas, que por si só não consegue a construção do conhecimento do aluno de forma significativa. Temos assistido ao abandono do hábito de escrever e ler, que são ferramentas de extrema importância para o desenvolvimento das habilidades de interpretar o mundo.

A multimídia pode, então, ser considerada uma ferramenta moderna que busca novas tecnologias para se desenvolver, trazendo de volta ao aluno o prazer da descoberta. A multimídia aparece no ensino para auxiliar e completar as aulas, e não para tomar o lugar do professor, que deve continuar sendo o orientador do aluno na construção de um roteiro de investigação.

Muitos estudos ainda devem ser feitos para aperfeiçoar a utilização da multimídia voltada à educação. Nós, professores, devemos fazer parte desses estudos, contribuindo com nossa análise e parecer em relação aos softwares que utilizamos.

> O computador é, sim, a ferramenta mais importante da multimídia para o ensino e pesquisa, mas o prazer e os valores de ler um livro e de escrever não podem ser esquecidos nem deixados de lado, assim como a importância do professor em uma sala de aula jamais deve ser desvalorizada.

Uma frase esclarece bem o porquê de inserir essas novas ferramentas no ensino: "As crianças nascem em uma cultura em que se clica, e o dever dos professores é inserir-se no universo de seus alunos" (Perrenoud, 2000).

Como forma de colaboração para a seleção de sites e programas de computador, colocamos no Anexo 3, um roteiro de análise de multimídia.

Notas

[1] Conforme Pierre Lévy (1999), conjunto de técnicas (materiais e intelectuais), de práticas, de atitudes, de modos de pensamento e de valores que se desenvolvem juntamente com o crescimento do ciberespaço.

[2] *As forças da Terra* – National Geographic (vídeo).

Referências

REIS, Marcela Funaki dos. *Utilização de softwares educacionais como recurso didático no ensino de Ciências Biológicas.* Maringá, 2006. Monografia – CESUMAR.

PERRENOUD, Philippe. *Dez novas competências para ensinar.* Porto Alegre: Artmed, 2000.

LÉVY, Pierre. *Cibercultura.* São Paulo: Editora 34, 1999.

Ensino de Geografia e produção de videodocumentário

Maria das Graças de Lima

> "É quase impossível perceber e discriminar tudo o que nos é 'dito' a cada momento, simultaneamente, pela interação imagem/texto/som. Aí certamente reside a magia da linguagem audiovisual e sua vocação para seduzir".
> Silvia Magaldi, *Mundo audiovisual e educação hoje.*

A experiência como professora de Prática de Ensino do curso de Geografia da Universidade Estadual de Maringá tornou claro que um trabalho sustentado apenas por leituras críticas de recursos didáticos – tais como livros, revistas especializadas e/ou a produção deles – não era suficiente para consolidar a formação do aluno e lapidar seu desempenho como professor.

Para o ensino de Geografia compreendemos que os recursos didáticos deverão ser provenientes do conhecimento geográfico, e não apenas da didática. Assim, justificávamos a realização dos vídeos a partir do conhecimento que havíamos adquirido em longo período de trabalho como professora de Geografia no ensino fundamental e médio.

Considerando essa avaliação, buscamos experimentar outras possibilidades para o ensino, e nosso objetivo principal era estreitar o diálogo entre o conhecimento geográfico e o didático. O que resultou disso foi a busca por uma metodologia que permitisse o exercício do conhecimento geográfico ou da Geografia na formação do licenciado.

Em nossa prática no ensino superior percebemos uma lacuna na formação do licenciado – neste caso, de Geografia –,[1] resultante do distanciamento entre a pesquisa e o ensino. A abordagem para o ensino está sustentada mais por preocupações de procedimentos didáticos do que por conhecimento da Geografia como ciência.

Tal preocupação deriva também do fato de que a produção geográfica destinada ao ensino contempla mais o aspecto didático do que atividades oferecidas pelo campo teórico e prático do conhecimento geográfico. Nossa experiência busca o exercício do olhar e da leitura geográfica na elaboração de recursos didáticos.

Para a elaboração desses recursos é necessário um conhecimento básico em Geografia consolidado. O aluno envolvido nessa produção percebe a necessidade de aprofundamento dos temas geográficos.

Buscando então outros recursos que permitissem a relação entre o conhecimento específico da área e os procedimentos didáticos para sua abordagem, passamos a trabalhar com a elaboração de audiovisuais, mais especificamente documentários, cujos roteiros abordavam temas tratados pela Geografia.

Bastante artesanais em seu início,[2] o objetivo da produção dos videodocumentários era a criação de um recurso didático destinado ao ensino da Geografia no ensino fundamental e médio das escolas localizadas na cidade de Maringá. Dessa forma, o aluno deveria relacionar o conhecimento geográfico e o didático-pedagógico, além de dominar habilidades técnicas específicas para a produção de um videodocumentário.

Desde o início da produção desses documentários, mesmo considerando-se "suas falhas" quanto à edição ou superficialidade na abordagem dos assuntos, parte significativa passou a ser inserida nas aulas de regência dos alunos, uma etapa de seu estágio supervisionado, para ilustrar do que estavam tratando em suas atividades de sala de aula. Ao mesmo tempo eles aprendiam como utilizar também partes de filmes disponíveis em circuito comercial (locadoras, internet), para ilustrar suas aulas. Esse procedimento evitou atividades entediantes para os alunos, como a de assistir a filmes inteiros para discutir apenas alguns trechos.

Abriu-se uma lacuna na formação dos professores, principalmente a partir de 1968, a qual resultou hoje em uma formação dicotômica. Esse processo perpassou todos os cursos que habilitam para o ensino. Assim, na habilitação licenciatura o aluno adquire o conhecimento pedagógico, e na formação bacharelado, conhecimento sobre alguns instrumentais utilizados na pesquisa geográfica. O desenvolvimento das atividades para a produção dos vídeos trouxe aos alunos estagiários a necessidade de aprofundamento do conhecimento oferecido pelas disciplinas do curso de Geografia. Não há nenhum trabalho ou relatório de avaliação sobre a formação do bacharelado, assim como também não há publicações, a não ser trabalhos localizados, sobre a formação do licenciado.

Para a prática do aluno que está sendo habilitado, o registro dessa experiência busca evidenciar a necessidade de o professor ser criativo e elaborar os recursos didáticos para trabalhar com temas específicos de Geografia. Alguns professores ex-alunos, estimulados pelo exercício de elaboração do vídeo de curta-metragem, passaram a organizar sua videoteca particular como "âncora" para suas aulas. É uma experiência que testa, inclusive, a habilidade para identificar a adequação ou não dos vídeos para o exercício de sala de aula.

A experiência com vídeos: produção de documentários

A elaboração de vídeos de curta-metragem[3] como experiência didática na Prática de Ensino tem possibilitado exercícios de análise e leitura geográficas, pois eles favorecem o estabelecimento de relações entre questões teóricas e práticas.

Há quatro anos desenvolvendo esse trabalho, podemos afirmar que a cada ano novas questões se apresentavam tanto para resolução quanto para melhor esclarecimento e encaminhamento dos trabalhos.

Quando iniciamos esse projeto para a Prática de Ensino dispúnhamos apenas de uma filmadora e um tripé. Ao longo dos últimos quatro anos buscamos a organização da infraestrutura necessária para a produção e edição dos vídeos, providenciando também um microcomputador e programas para os trabalhos de edição, além de uma filmadora e câmera fotográfica digitais.

Paralelamente à aquisição da infraestrutura, frequentamos uma oficina de cinema,[4] na qual desenvolvemos atividades de direção, produção, roteiro, fotografia e diversas outras funções que envolvem a produção de um curta-metragem. Estes não são requisitos para a realização da atividade, mas auxiliam bastante no processo de produção dos documentários. Embora essa seja uma atividade que envolva todo o grupo e desencadeie processos de investigação sobre os temas tratados, há momentos em que o professor deve "abrir caminho" para avançar na qualidade dos temas abordados. À medida que a infraestrutura melhorava, passamos a exigir maior acuidade na abordagem, tanto do ponto de vista teórico quanto do prático e técnico. Nesse tipo de atividade é importante que todos os alunos se envolvam na escolha, organização e sistematização das informações abordadas e na elaboração do roteiro.

O manuseio dos equipamentos de filmagem e a habilidade no trato dos programas disponíveis para a edição não são suficientes para evidenciar o envolvimento do aluno com o trabalho. A preocupação

principal na elaboração desse recurso didático encontra-se no aprimoramento da leitura geográfica.

É um trabalho que deve ser avaliado a cada ano, pois envolve aspectos como a criação e atualização de uma infraestrutura (câmera de vídeo, tripé, ilha de edição), fundamentação teórica (autores da Geografia, da produção cinematográfica, dos recursos audiovisuais) e acompanhamento dos trabalhos do grupo (informações que favoreçam a produção dos vídeos).

São essenciais algumas condições, como, por exemplo, a leitura de autores da Geografia para fundamentar o tema tratado, aprofundando questões teóricas e metodológicas. Para a realização dessa etapa, foram considerados os autores Pierre Monbeig (1945) e José Bueno Conti (2003). O primeiro apresenta uma metodologia de ensino para as aulas de Geografia, além de manifestar a necessidade de permanente diálogo entre a pesquisa e ensino; e o segundo, climatólogo, por causa de suas concepções de interação entre a sociedade e a natureza, ajudou-nos a estreitar um diálogo entre a climatologia e as práticas de ensino de Geografia. Para a produção de vídeos de temas geográficos bem-fundamentados, principalmente em relação aos instrumentais registrados pelo desenvolvimento teórico da área, o livro *Praticando a Geografia* foi fundamental, principalmente nos momentos em que os alunos precisaram utilizar instrumentos de medição, orientação, mapas, dentre outros, próprios de estudo e pesquisa em Geografia.

A nossa experiência mostrou que o vídeo pode ser uma ferramenta eficaz na articulação entre os conhecimentos pedagógico, didático e geográfico. A fundamentação didática e a preocupação pedagógica com a produção dos vídeos foram encontradas na contribuição de Silvia Magaldi, no livro *Televisão & educação*, no qual a autora expõe sua experiência com o ensino a distância e com a organização de oficinas, cujo objetivo é a organização de videotecas e audiovisuais e, principalmente, de formas de utilização desse material na sala de aula. A autora chama a atenção para a necessidade de o professor saber utilizar esses recursos inserindo-os no processo de aprendizagem dos alunos, e não apenas usando-os com a função de ocupar o aluno. Os filmes produzidos para o mercado cinematográfico – via de regra, com mais de uma hora de apresentação – não são adequados como atividade escolar. Ir ao cinema talvez seja mais educativo do que transformar a escola em um.

Prevendo isso, os documentários produzidos para fins didáticos não devem ultrapassar quinze minutos, principalmente levando-se em consideração a necessidade de concentração do aluno. A sessão de vídeo necessita de combinações e negociações sobre atitudes. Um roteiro de acompanhamento e orientação de trabalho auxilia o professor nos procedimentos quanto à utilização desse recurso.

Para os alunos do curso de Geografia que estão produzindo o vídeo, a consideração do tempo é primordial. Acostumados às aulas de período inteiro, podem ser "prolixos" na abordagem de seus temas, estendendo-se a ponto de comprometer a aprendizagem do tema tratado. Assim, a definição de tempo dos documentários envolveu também uma adequação dos alunos da graduação aos temas abordados e à população-alvo da aprendizagem. Isso resultou em extenso material gravado e pesquisado (livros, informações, mapas, equipamentos para gravações), que os alunos deveriam selecionar.

Na escolha dos recortes do vídeo, foi possível identificar uma aproximação maior aos temas de Geografia Física e aos problemas ambientais encontrados nos diversos espaços da cidade. Retratar tais problemas que apareciam no espaço urbano se mostrou pedagógico, didático e geográfico. Os acontecimentos envolvendo modificações bruscas nos diversos espaços da cidade também estimulam o interesse.

Relato de experiências

Uma experiência vivenciada em 2006 pode ilustrar o processo de produção dos videodocumentários. A escolha do tema foi movida por aproximação do aluno com determinado conhecimento em decorrência de sua pesquisa ou por afinidade com o assunto a partir das aulas da graduação. Por ser um trabalho desenvolvido em equipe, a escolha do tema deveria ser aprovada por todos. Foi uma etapa significativa para os alunos, pois se não foi a primeira vez em que o aluno tomou decisão sobre o que quer estudar ou aprofundar, foi uma das pouquíssimas. A problematização do tema escolhido move à elaboração do documentário, e quando isso não ocorre o trabalho se perde. O professor deve auxiliar os grupos que estejam com dificuldades, tomando conhecimento prévio acerca dos assuntos para poder dar uma abordagem significativa. Tal interferência coloca o professor como diretor do documentário. O material fica disponível no laboratório didático de ensino de Geografia para uso dos professores da escola pública. Os alunos que produziram o vídeo ficaram com cópias para utilizá-los em suas aulas de regência ou posteriormente, quando assumirem suas próprias aulas.

Pensada inicialmente para uso exclusivamente didático, a produção de vídeo evidenciou outra possibilidade que não havia sido considerada quando de sua proposição. Ao menos dois documentários remeteram a discussões que ultrapassaram essa abordagem didática ou a prática intrauniversidade.

Como explicitado anteriormente, o grupo escolhia o tema do documentário do vídeo a ser produzido e dois deles foram significativos nas discussões sobre organização urbana e planejamento de espaços da cidade.

Esses documentários evidenciaram a possibilidade de utilização como recurso didático envolvendo debates de análise de questões perceptíveis no cotidiano e como instrumento de propostas nos foros de planejamento urbano.

O registro do processo do trabalho realizado tem por objetivo evidenciar as inúmeras discussões possíveis, seus desdobramentos envolvendo diversos conceitos que se articulam e permitem uma abordagem científica da Geografia.

Dentre os fatos estudados, um dos documentários tratou sobre o espaço em que está inserido o prédio da chamada "Rodoviária Velha" de Maringá. Essa construção, projetada na planta original e localizada no centro da cidade, foi inaugurada em 1962, desativada como terminal rodoviário em 1998 e totalmente desativada em janeiro de 2007.

Posteriormente a essa desativação, o espaço interno da rodoviária manteve suas lojas e passou a atender principalmente a população que passava pelo terminal de ônibus urbano, localizado na sua parte externa. As lojas, bares e bazares comercializavam principalmente produtos de preços populares.

O documentário, cujo roteiro começava descrevendo o uso do espaço interno da rodoviária por lojas, bares, bazares e apresentação de músicos, ciganas etc., estendia-se para o espaço externo, onde hoje funcionam provisoriamente o terminal de ônibus urbanos e estabelecimentos comerciais. Mediante entrevistas com pessoas que circulavam, viviam ou trabalhavam naquele espaço, o documentário retratou ainda as principais questões levantadas em torno da utilização da "Velha Rodoviária". A falta de manutenção nas dependências do prédio e sua utilização, à noite, por mendigos e prostitutas emergiram como problemas. Enfim, o documentário foi concluído em dezembro de 2006.

Em razão da falta de manutenção do prédio, uma construção particular sobre um terreno público, as chuvas de janeiro, agravadas pelo fenômeno El Niño, fizeram ruir parte dessa construção. Desde então se instalou um debate em torno da futura utilização do espaço. Questões assim são comuns, principalmente nas médias e grandes cidades brasileiras. Seu crescimento, movido pela especulação imobiliária, coloca sempre na berlinda prédios ou espaços de utilização pública, e a questão, neste caso, passa a ser a alternativa do tombamento do prédio ou uma nova construção.

A cidade de Maringá foi planejada pelo engenheiro Jorge de Macedo Vieira, em 1948, e seu desenvolvimento data da década de 1950.

Embora a cidade seja reconhecidamente de ocupação recente, é fato que o prédio da rodoviária já faz parte de seu acervo de prédios históricos. Por isso há um movimento, envolvendo parte da sociedade, cuja reivindicação é o tombamento do prédio. Parte da população do entorno da rodoviária, transeuntes e lojistas querem uma nova construção para aquele espaço, posição igual à demonstrada pela Prefeitura Municipal da cidade, desejosa de provocar uma mudança na situação.

Sem nos estendermos mais na exemplificação desse documentário e das diversas possibilidades de abordagem e discussão que ele representa para o ensino, ressaltamos o envolvimento dos alunos que realizaram o documentário nas discussões, acompanhando os desdobramentos do fato. Concretizava-se o resultado no processo de ensino-aprendizagem como parte da realidade. Havia prazer em atingir os objetivos de construir conhecimento, experiência rara no ensino.

O segundo documentário retratou os problemas enfrentados por moradores de uma rua que fica na divisa entre os municípios de Maringá e Sarandi. O traçado dessa via pública favorece o escoamento da água, o que a transforma, praticamente, em um rio quando ocorrem chuvas intensas, e por ela nenhum dos dois poderes públicos respondia. O vídeo retratou o cotidiano das pessoas que moram na região, os transtornos nos dias de chuva, as inúmeras enchentes, as reclamações e denúncias sobre animais mortos e arrastados pelas águas das chuvas. Aliadas ao planejamento equivocado da rua, as chuvas de janeiro fizeram vítimas, entre as quais um homem. O acontecimento levou os dois municípios à tomada de providências junto ao governo estadual, reivindicando o financiamento de um projeto de engenharia que pudesse solucionar o problema. Os alunos que produziram o vídeo indicaram ter mais informações sobre as causas do problema além das que haviam sido veiculadas pela imprensa falada e escrita.

Ambos os grupos tiveram uma reação interessante diante dos acontecimentos: como haviam apontado, com antecedência de um mês, aquilo que acabou acontecendo, pensaram que poderiam ser alvo de desconfiança, e pela primeira vez a cronologia dos fatos ganhou importância, a importância que não havia tido quando da elaboração do roteiro e da gravação das cenas.

Conclusão

O trabalho de produção de videodocumentários como estratégia didática nas aulas de Prática de Ensino tem auxiliado sobremaneira na formação do aluno, futuro professor. A partir dessa experiência aprende-se a tratar um tema abordado pela Geografia, adequando-o ao recurso didático disponível. Como o recurso representado pelo vídeo não é exclusivo da Geografia, a abordagem geográfica torna-se importante para atingir seu fim: contribuir com as aulas de Geografia do ensino fundamental e médio.

Para o aluno que assiste ao vídeo fica a experiência da consideração e respeito à sua aprendizagem, além de ver documentados e retratados temas próximos de sua realidade. O professor, desde que para isso tenha à disposição equipamentos como microcomputador, programas de edição e áudio, poderá fazer um vídeo com os alunos.

Para o aluno que produz o vídeo fica a experiência do tratamento dado ao tema, sua abordagem, sua fundamentação teórica e os procedimentos necessários para sua edição. Essa experiência traduz melhor, para o aluno que está se formando, os aspectos que deverá considerar quando estiver trabalhando como professor de Geografia.

Notas

[1] A mesma formação foi encontrada também em outras áreas que oferecem a habilitação licenciatura, resultado da Reforma Universitária de 1968.

[2] Para a edição dos vídeos os alunos usavam os recursos disponíveis em suas casas: diversos cabos de conexão, TVs, videocassetes, aparelhos de som. O Laboratório de Recursos Audiovisuais dispunha de uma filmadora e um tripé.

[3] Em média 15 minutos.

[4] Dirigida pelo cineasta e documentarista Pery de Canti.

Referências

CONTI, José Bueno. *A Geografia Física e as relações sociedade-natureza no mundo tropical*. 2. ed. São Paulo: Humanitas, 2002

DANTAS, Aldo. *Pierre Monbeig:* um marco da geografia brasileira. Porto Alegre: Sulina, 2005.

FISCHER, Rosa Maria Bueno. *Televisão & educação*: fruir e pensar a TV. Belo Horizonte: Autêntica, 2003.

MONBEIG, Pierre. Papel e valor do ensino da geografia e de sua pesquisa. *Boletim Carioca de Geografia*, Rio de Janeiro, ano VII, n. 01 e 02, 1945.

VENTURI, Luís Antonio Bittar (org.). *Praticando geografia*: técnicas de campo e laboratório. São Paulo: Oficina de Textos, 2005.

MAGALDI, Silvia. *Mundo audiovisual e educação hoje*. Por um reajuste de enfoques e práticas. In: LIMA, Maria das Graças; LOPES, Claudivan Sanches. *Geografia e ensino, conhecimento científico e sociedade*. Maringá: Massoni, 2007.

Alfabetização cartográfica
Elza Yasuko Passini

> "O mundo é coberto de signos que é preciso decifrar, e estes signos, que revelam semelhanças e afinidades, não passam, eles próprios, de formas de similitude. Conhecer será, pois, interpretar: ir da marca visível ao que se diz através dela e, sem ela, permaneceria palavra muda, adormecida nas coisas".
> Michel Foucault, *As palavras e as coisas*.

A formação dos alunos para entender os fatos geográficos em sua espacialidade necessita de mapas e globos como acervos permanentes nas salas de aula, sem que haja necessidade de transporte a cada aula. Paralelamente à necessidade de o professor de Geografia possibilitar a visualização do espaço geográfico em estudo, os mapas e globos são um convite para os alunos pensarem o espaço. Precisamos tornar a consulta a mapas uma atitude regular não apenas nas aulas de Geografia, mas também nas de Ciências, Biologia, Matemática, História, Literatura. Como sabemos, todo fato ocorre em um lugar e em um determinado tempo, portanto não há necessidade de se planejar uma aula específica para trabalhar com mapas, pois estes devem fazer parte do material de todo estudante – como a carteira, o dicionário, o caderno, os estojos etc.

Os professores da escola básica sentem falta de condições para trabalhar com mapas em sala de aula e, por outro lado, dizem ter necessidade de maior fundamentação para esse trabalho. Acreditamos que o primeiro passo seja assumir que os mapas precisam fazer parte do cotidiano das aulas, como acima referido. O segundo passo seria a parceria com as universidades, para que haja cursos de extensão ou capacitação que tratem da Cartografia Escolar.

Temos algumas experiências com mapas murais utilizados sem preocupação com a decodificação dos símbolos. A leitura ocorreu no nível da adivinhação, ou, talvez, pelo resgate de mapas anteriormente trabalhados. Se apontarmos a planície amazônica no mapa de hidrografia e relevo do Brasil e perguntarmos *"aqui, o que há?"*, a resposta, na maioria das vezes, será *"temos matas"*. Se esse fato fosse único e isolado não nos permitiria afirmar que os alunos não sabem ler mapas; mas nós, professores de Geografia, sabemos que esse problema não só se repete, variando em circunstâncias, temas e classes, mas também se soma a outros tantos equívocos na leitura e interpretação de mapas.

Qual nível de leitura de mapas é proposto nas aulas?

Quando o professor aponta uma cidade em estudo no mapa, está possibilitando ao aluno realizar uma leitura de nível elementar: "em tal lugar, tal cidade". Ao solicitar aos alunos que localizem uma cidade no mapa (tal cidade, onde está?), também estará trabalhando com leitura de nível elementar. Com os mapas murais, sentimos que o trabalho nas aulas de Geografia tem se limitado a leituras desse nível.

O avanço nos níveis de leitura de mapas e gráficos permite ao leitor tornar-se reflexivo e crítico: ver o problema, analisá-lo e investigar caminhos para sua solução. Criar circunstâncias desafiadoras para que ocorram avanços nos níveis de leitura é objetivo da "Alfabetização cartográfica".

Podemos fazer uma analogia com a gramática da língua materna e formular a pergunta: Como nós aprendemos a gramática de uma língua?

Aprendemos lendo, reconhecendo e analisando as classes gramaticais, fazendo sentenças e textos para utilizá-las corretamente. Todos nós iniciamos nossa produção de textos com redações de temas simples – como "nossas férias", "nossa família"... – e, aos poucos, aumentamos a complexidade tanto no conteúdo como na forma. Assim deve ser com a linguagem cartográfica, que busca a comunicação visual e tem uma gramática.

Os alunos que percorrem com o dedo a complexa trama de signos pontuais, lineares e zonais em um mapa precisam de auxílio para avançar nos níveis de leitura e entender o mundo.

Archela e Ferreira (2006) investigaram o processo de leitura de mapas realizado por alunos de quinta série do ensino fundamental com mapas de conteúdo diversificado, retirados da revista *Veja*. Elas concluíram que:

> o desinteresse pelo mapa não é generalizado, o que falta é um trabalho mais efetivo com os conceitos cartográficos ainda nas primeiras séries, pois a compreensão de tais elementos proporcionaria maior interesse, sendo que sempre há tendência de se gostar mais daquilo que se compreende.

E em relação à leitura e construção de mapas, elas acrescentaram:

> [...] os alunos não conseguiram ler corretamente todas as informações, construindo seus mapas de acordo com o conhecimento acumulado em suas vidas até então, numa demonstração de que a soma de conhecimentos adquiridos é fundamental para concepção de uma representação espacial.

Para cada usuário o cartógrafo produz um mapa específico, que atenda às suas necessidades; no entanto, o aluno de ensino fundamental não está incluído no rol de usuários do cartógrafo. Dialogar com o usuário significa conhecer o seu objetivo e a sua habilidade em "ler" e "ver" as informações do mapa, isto é, decodificá-lo e interpretá-lo. O professor é usuário e mediador das tentativas de leitura do aluno. Quanto melhor for seu nível de leitura, melhor será sua intervenção para ajudar os alunos a avançar em seus conhecimentos.

Os mapas murais das escolas muitas vezes permanecem enrolados e sem classificação, o que dificulta seu acesso e desestimula as tentativas dos professores para utilizá-los. Quando o professor consegue levar

o mapa para a sala de aula, após vencer os obstáculos de tempo e dificuldades de acesso, surgem novos desafios, pois os alunos têm dificuldade em lê-lo, tamanha é a complexidade dos mapas.

Tais dificuldades podem ser sintetizadas principalmente na diferenciação de:

- símbolos de implantação linear muito semelhantes que representam divisas de estados, regiões, estradas de rodagem, estradas de ferro, rios;
- símbolos pontuais de cidade, capital regional, capital de estado, capital do país, centros industriais, todos círculos pequenos e muito semelhantes;
- cores de tonalidades muito próximas ou diferentes na legenda e no mapa.

Nesse percurso, tentando entender as dificuldades dos alunos em ler mapas, deparamo-nos com outro complicador. Trabalhávamos, em uma classe do terceiro ciclo, com um mapa de densidade demográfica do Brasil, e quando apontamos o Noroeste do país como zona de densidade inferior a um habitante por quilômetro quadrado, um aluno nos interpelou, perguntando: *"Lá é tudo anãozinho, professora?"*. Percebemos que a decodificação pura e simples não garante a significação dos símbolos, sendo necessário um trabalho anterior com os conceitos. O conceito de densidade demográfica é, por si, abstrato, e temos ainda que considerar que alunos do terceiro ciclo têm dificuldade com dados relativos.

Uma sugestão para superar essa dificuldade e construir noção de população absoluta e relativa é a utilização dos dados da própria classe, por exemplo:

População da 5ª série B			
População absoluta	Área da sala	Cálculo	População relativa ou quantidade de alunos por m² na sala de aula
40 alunos	20 m²	40/20 = 2	2 alunos por m²

Preocupante é a distância entre a riqueza de leituras que o mapa permite e a limitada leitura de nível elementar que ocorre nas salas de aula.

Na atualidade parece mais apropriado pensarmos, como Lévy (2000), em termos de um espaço não territorializado geograficamente, um espaço invisível de conhecimentos, onde brotam e se transformam saberes, pensamentos, formas de fazer; um espaço qualitativo, dinâmico e vivo, onde os seres inventam os meios e produzem as próprias maneiras de constituir sociedade. O sujeito desse espaço precisa "ler", "conhecer", "acessar as informações". Precisamos de diferentes linguagens para acessar as informações, assim como comunicar o resultado das nossas pesquisas e análises, construindo nossa própria base de dados. Nesse sentido, a linguagem cartográfica é de extrema importância, pois os mapas e os gráficos com dados organizados de forma lógica e sintética facilitam a comunicação e permitem a leitura em um instante de visão.

Na escola, os mapas murais permanecem estáticos, sem leitores e sem recepção na comunicação. Parece oportuno pensarmos tanto no conhecimento coletivo como no fazer pedagógico interdisciplinar. A Geografia e a Cartografia têm como objeto de investigação o espaço. Na articulação do conteúdo e forma, a utilização de diferentes linguagens melhora a significação do espaço geográfico. Essas representações abrem possibilidades para que o conhecimento sobre o espaço se aprofunde e se amplie. A leitura permite ver o objeto e o objeto pode ser lido numa coordenação de ações que faz o sujeito passar de um conhecimento menor para um conhecimento melhorado.

A Alfabetização Cartográfica é uma proposta de transposição didática da Cartografia Básica e da Cartografia Temática para usuários do ensino fundamental, em que se aborde o mapa do ponto de vista metodológico e cognitivo. Ela é uma proposta para que alunos vivenciem as funções do cartógrafo e do geógrafo, transitando do nível elementar para o nível avançado, tornando-se leitores eficientes de mapas. O aluno-mapeador desenvolve habilidades necessárias ao geógrafo investigador: observação, levantamento, tratamento, análise e interpretação de dados. O espaço lido e mapeado é ressignificado. Nesse processo devemos incluir também trabalhos com mapas mentais,

que ativam igualmente as ferramentas da inteligência e substituem a ida a campo.

Nós estamos propondo essa discussão porque tanto nas licenciaturas como nos cursos de Pedagogia não há espaço para a alfabetização cartográfica. Os alunos vivenciariam as técnicas de mapear: observar, levantar dados, selecionar, classificar, ordenar, generalizar, codificar para chegar ao mapa. Num caminho inverso, eles fariam o papel de leitores de mapas: decodificar, visualizar e ler o mapa. Nesse processo, vão ocorrendo avanços nos níveis de leitura, do elementar ao global, porque, agindo sobre o espaço e sua representação, o sujeito desenvolve competências de ler e ver as informações pontuais em conjunto e, depois, no nível analítico. Há melhoramento do conhecimento procedimental do mapeador e leitor de mapas e também do entendimento da espacialidade dos fenômenos geográficos.

No ensino fundamental, é importante que o objeto de mapeamento seja conhecido do aluno para que ele parta do significado para os significantes, na construção dos códigos, como propõe Ferreiro (1995). Nesse caminho, ele precisa coordenar pontos de vista, reduzir proporcionalmente as medidas do real numa dimensão a ser representada e codificar os elementos que observou no espaço. Muitas vezes, ele se surpreende com o "desenho" construído: *"Isso é um mapa?!"*.

De fato, não são mapas na concepção da cartografia matemática: a escala é intuitiva, os símbolos são icônicos e muito particulares e há confusão nas perspectivas; mas são mapas na concepção da Cartografia Escolar, pois são a representação de um espaço, contêm informações espacializadas e neles existe uma proporção, mesmo que não seja matemática. Passar desses "mapas-desenhos" para um mapa cartograficamente aceito é o caminho metodológico que a Cartografia Escolar se propõe a discutir.

O ensino de Geografia e o de Cartografia são indissociáveis e complementares: a primeira é conteúdo e a outra é forma. Não há possibilidade de se estudar o espaço sem representá-lo, assim como não podemos representar um espaço vazio de informação.

Desde cedo, a criança se encanta com mapas, quer saber onde fica tal lugar (sua casa, o país do avô, o mercado), mas mapear é algo novo para ela. Caminhar pela escola ou pelo quarteirão da escola é o primeiro passo para "ler o espaço conhecido".

Classificar os elementos da paisagem é uma operação que exige raciocínio lógico-matemático, porque a classificação é ação da mente, diferentemente da identificação de cada elemento. A criança consegue perceber melhor a "diferença" do que a "semelhança", pois esta última exige o raciocínio sobre inclusão. A diferença é percebida numa leitura particular, cada criança poderá apontar diferentes categorias utilizando critérios próprios:

Critério de classificação	Categorias ou classes
Uso particular	Para morar ou para trabalhar
Dimensão	Casas pequenas ou casas grandes
Tempo cronológico	Casas novas ou casas velhas
Beleza	Casas feias ou casas bonitas

Podemos aceitar diferentes classificações, instigá-los sobre outras possibilidades e construir noções de classe e subclasse. O questionamento sobre a classe "casas para trabalhar", por exemplo, pode ser discutido sobre o tipo de trabalho realizado, e abrir criação de subcategorias como: "produz comida"; "não faz coisas de comer". Outras subcategorias podem surgir na classe, como: "faz coisas", "só vende coisas" e "não vende nem faz, mas conserta coisas".

Elaborar a classificação com os alunos é um processo demorado, mas necessário. Quando o professor estabelece a classificação para que os alunos apenas inventem os símbolos, o aluno desenvolve a função simbólica, mas não constrói noção de classe, subclasse e inclusão.

A codificação pode ser significativa, se a criança puder construir seus próprios símbolos, transitando do significado para o código. O significado é preexistente. As coisas estão onde estão e são o que são, independentemente dos nomes ou classes que vamos lhes atribuir; por isso o aluno precisa transitar do significado para o código, que ele próprio cria.

Tomando como referência a legenda elaborada pela criança, o professor pode discutir os princípios da gramática gráfica.

Como podemos construir uma imagem que melhor comunique essa informação (de uso de solo, por exemplo)?
- Qual a relação que existe entre os componentes da informação?
- Existe alguma ordem que deve ser obedecida?
- Algum elemento é mais importante que outros?

A relação de uso de solo entre moradia, indústria, comércio e entidade prestadora de serviços é de "diferença".

Oferecer a palheta de cores, tramas, figuras para que os alunos escolham a variável que permita "ver" melhor a diferença é importante para o entendimento de que a legenda deve ser construída com lógica. A legenda deve transmitir a relação entre os componentes da informação: de diferença, de ordem ou de proporção. A resolução gráfica escolhida deve permitir uma leitura com economia de tempo e sem ambiguidades.

No quarteirão mapeado com utilização de símbolos diferentes (A, B, C), qual variável visual permite perceber melhor a diferença entre os tipos de uso?

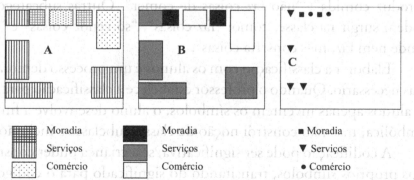

Entender que a representação das categorias de uso de solo requer uma variável que mostre a "diferença" pode ser significativo para o avanço nas leituras do aluno.

Para que o aluno consiga avançar da leitura de nível elementar para uma leitura de nível intermediário (estabelecimento das relações), ele precisa agrupar as construções por semelhanças. Tomando como base o exemplo A, formulamos a pergunta:

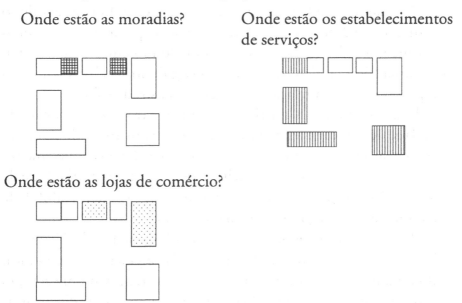

A resposta à pergunta seguinte provoca o avanço para a leitura de nível intermediário; O que temos em maior quantidade no quarteirão visitado: moradias, lojas de comércio ou prestadoras de serviços?

A resposta esperada após esse percurso é que no quarteirão visitado haja predominância de prestadores de serviços. Essa constatação, uma leitura de nível intermediário, ajuda o aluno a perceber grupos e classes que ele mesmo criou.

A generalização faz com que sejam representadas apenas as classes predominantes, que incluem também aquelas quantitativamente não significantes, sem que haja distorção da realidade.

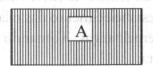

Lojas de comércio e prestadoras de serviços

Na planta da cidade as diferenças estão generalizadas, e o aluno construiu noção de inclusão de classe e entendeu que algumas categorias foram incorporadas naquelas que são predominantes. Podemos ter, então, uma leitura de "nível global", conseguindo "ver" a organização do espaço urbano em relação aos diferentes usos de solo.

Essa vivência é significativa tanto para a construção da habilidade de mapear e ler mapas como para a construção do domínio do espaço, aspectos estruturantes para a construção do conhecimento geográfico. O aluno transita da leitura do seu espaço particular e de códigos próprios para uma representação e leitura com possibilidade de comunicação, função primordial do mapa.

Podemos dizer, destarte, que o conhecimento de Geografia melhora a construção do conhecimento da linguagem cartográfica, sendo também verdadeiro o caminho reverso. Temos aí um exemplo claro de articulação do conteúdo e da forma, elementos indissociáveis e integradores que tornam significativa a construção do conhecimento.

Pensamos que seja responsabilidade do professor criar contingências didáticas desafiadoras para seus alunos desvendarem os objetos de conhecimento, passando de simples identificação para análise e interpretação. Estamos propondo que a Cartografia seja uma linguagem que interaja com o sujeito, ajudando-o a desvendar o objeto de investigação: o espaço geográfico.

A inteligência do sujeito passa para outro patamar de significação quando ele consegue ler e escrever, porque avançou do significado para o mundo dos símbolos. Podemos dizer que outro avanço ocorre quando o leitor incorpora a linguagem cartográfica entre as ferramentas para a leitura do mundo.

Os estudos realizados por Piaget (1989) são significativos para entender as construções das relações espaciais e sua representação na ótica do sujeito. Eles podem auxiliar os professores que quiserem adotar a alfabetização cartográfica como método de ensinar e aprender Geografia.

Lévy (2000) afirma que, na atualidade, o problema não é o acesso à informação, pois ela está disponível em diferentes meios e em diferentes lugares. O problema, hoje, é a seleção da informação, para que haja racionalidade e não se desperdice tempo com informações além da essência. Como vivemos numa era de incrível velocidade na comunicação e recepção das informações, as linguagens gráficas, sintéticas e monossêmicas tornaram-se fundamentalmente importantes, pois nos permitem ver a essência da informação num instante de percepção; além disso, elas possibilitam uma seleção eficiente de dados, assim como auxiliam de fato na tomada de decisões inteligentes.

A escola precisa se transformar de lugar exclusivo para informar em lugar que desenvolva habilidades para acessar informações, selecionar dados para compor o próprio banco de dados, organizá-los e tratá-los de forma a se conseguir acessá-los quando necessário for, com economia de tempo e visão da essência do conteúdo. As habilidades exigidas no mercado de trabalho são, entre outras, a tomada de decisões rápidas e inteligentes, iniciativa e criatividade. A linguagem cartográfica é uma ferramenta que ajuda o sujeito a desenvolver essas habilidades.

A informática pode também ser uma ferramenta que facilite ao aluno-mapeador coletar dados, organizá-los e tratá-los, desde que ele já tenha vivenciado essas operações cognitivamente. É importante que os professores interajam com as diferentes possibilidades oferecidas pelo computador, como os softwares e a internet, e se tornem usuários eficientes e, principalmente, autônomos e criativos.

As ferramentas do computador que trabalham com mapas facilitam as tarefas de mapear, criar e implantar símbolos, reduzir ou ampliar as escalas; não podemos esquecer, porém, que a utilização dessas ferramentas auxiliares não dispensa o domínio de conteúdo e dos conceitos, como operações mentais, para que a utilização da informática não seja mecanicista, sem reflexões e com riscos de não provocar avanços.

No Centro de Treinamento Tecnológico do Núcleo Educacional Regional de Maringá, a coordenadora disse ter dificuldade para encontrar softwares de Geografia para dar treinamento aos professores. É nosso dever pensar em suprir esse campo de diferentes maneiras: investigar, analisar e sugerir títulos existentes no mercado, criar softwares em parceria com programadores para construir conceitos, habilidades de mapear, interpretar mapas, analisar diferentes paisagens etc.

Bertin (*apud* Passini, 1996), ao propor a semiologia gráfica para elaboração lógica das representações gráficas, enfatiza a importância da cartografia na construção das noções espaciais e principalmente na estruturação de um raciocínio lógico. Ele nos liberta das convenções cartográficas e afirma que a elaboração de uma legenda deve mostrar a relação de diferença, ordem ou proporção entre os elementos representados.

Essa lógica proposta por Bertin e a teoria da regulação das estruturas cognitivas de Piaget (1989) nos possibilitam utilizar a linguagem cartográfica como meio para a coordenação entre "sujeito" e "objeto" na construção dos conceitos de Geografia.

Lembrando Foucault (2002), gostaríamos de enfatizar a importância da interpretação, pela segunda, terceira leitura do mundo, a partir do estudo da localidade. As releituras podem ser realizadas utilizando-se diferentes linguagens: escrita, oral, plástica, musical, corporal e também – e acima de tudo, em se tratando de leitura do espaço a linguagem cartográfica.

Os geógrafos e cartógrafos utilizam as representações gráficas, mapas e gráficos em todas as fases do seu trabalho. O mapa e o gráfico permitem "ver" o problema, sua dimensão, sua espacialidade e suas implicações com os espaços contíguos, e ajudam a planejar e acompanhar as ações. No final, a comunicação dos resultados da investigação e a proposta de soluções ficam mais claras, porque são linguagens visuais e sintéticas, prendem-se à essência e são monossêmicos.

Onde há mais?

A resposta é imediata!

Referências

Ferreiro, Emília. *Alfabetização no processo*. São Paulo: Cortez, 1995.

Foucault, Michel. *As palavras e as coisas*: uma arqueologia das ciências humanas. São Paulo: Martins Fontes, 2002.

Freire, Paulo; Issa, Shor. *Medo e ousadia*. São Paulo: Companhia das Letras, 1986.

IBGE – Instituto Brasileiro de Geografia e Estatística. *Meu primeiro Atlas*. Rio de Janeiro, 2005.

Le Sann, J. Do lápis à internet: reflexões sobre mudanças teórico-metodológicas na elaboração de atlas escolares municipais. *Boletim de Geografia*. Maringá, Universidade Estadual de Maringá, Departamento de Geografia (19; 2 – 2001)

Lévy, Pierre. *As tecnologias da inteligência*: o futuro do pensamento na era da informática. Rio de Janeiro: Editora 34, 1993.

Macedo, Lino de. *Funcionamento do sistema cognitivo aplicado à construção da leitura e escrita*. Texto mimeo. Instituto de Psicologia, USP, 1994.

Passini, E. Y. *Os gráficos em livros didáticos de Geografia de quinta série:* seu significado para alunos e professores. São Paulo, 1996. Tese de doutoramento – Faculdade de Educação, Universidade de São Paulo.

Piaget, Jean; Inhelder, B. *A representação do espaço na criança*. Porto Alegre: Artes Médicas, 1989.

Aprender Geografia em sala-ambiente

Elza Yasuko Passini

> "A sala de aula deve ser prazerosa e bastante ativa, pois o trabalho é o grande motor da pedagogia".
> Celestin Freinet, *Método natural*.

Em 1998 foi implantado nas escolas estaduais de São Paulo, pela Secretaria de Educação do Estado, o programa Escola de Cara Nova, com propostas inovadoras, entre elas, salas-ambiente.

> Mais do que um espaço diferenciado, a sala-ambiente significa uma concepção de ensino que se distingue da tradicional. Para que seja implantada, ela deve, em primeiro lugar, estar prevista na proposta pedagógica da escola. A ideia necessita ser compartilhada por toda a equipe escolar. (SEESP, 1998)

Paralelamente à discussão de uma proposta pedagógica para adoção da sala-ambiente como método de trabalho, exigia-se uma reforma física nos prédios escolares e, principalmente, uma acomodação dos horários em relação a salas disponíveis. A quantidade de professores por disciplina difere de escola para escola, e disciplinas como Matemática e Língua Portuguesa, que têm uma quantidade maior de professores devido à sua carga horária, exigindo maior quantidade de salas. Por outro lado, disciplinas como Educação Artística, Física e Química precisavam de estruturas específicas para suas experiências, atividades etc. Essas questões demandaram planejamento, custo de reforma dos prédios e compra de material didático específico para a efetivação da proposta.

Não obstante, em visita a escolas da rede pública no período da implantação, a equipe pedagógica da Secretaria da Educação do Estado de São Paulo percebeu que muitas delas se limitaram à exposição do material didático e à permanência dos professores em suas salas específicas, porém o método de trabalho continuava sendo o tradicional: carteiras em filas, leituras e atividades com textos do livro didático. A proposta de tornar a sala de aula um laboratório de produção e de investigação para aprendizagem do método científico de pesquisa ainda não fora encontrada.

A nossa experiência na década de 1980, anterior a esse programa oficial, trilhou um caminho inverso. A percepção de que o livro didático com abordagem descritiva limitava e fragmentava a busca do saber dos alunos, encorajando a mecanização das respostas, levou-nos a buscar fontes alternativas para nossas aulas de Geografia com a disponibilização de materiais para incentivar a pesquisa. Jornais, revistas, mapas, livros, trabalhos dos próprios alunos e livros didáticos foram se avolumando e formando o nosso acervo nada organizado. Perdíamos muito tempo na administração do material e no atendimento à solicitação dos alunos para prosseguirem em suas pesquisas. Os alunos, sentindo a necessidade de um ambiente de trabalho onde pudessem concentrar-se em suas leituras e ter fácil acesso aos materiais de investigação, reivindicaram um espaço próprio, sugerindo: *"Professora, nós perdemos muito tempo, porque a senhora demora para encontrar o nosso trabalho e o material que estamos lendo. Por que a senhora não fica e a gente vai?"*.

"Sala-ambiente!"

Imediatamente pensamos na pedagogia de Celestin Freinet (1978) e nos empenhamos em organizar uma "sala de trabalho" com alunos envolvidos em suas investigações e registros, como a relatada em "A imprensa na escola" (Freinet, 1977).

Quando Freinet escreveu *Abaixo os manuais escolares*, ele revolucionou as ideias sobre os pesados compêndios escolares que serviam de apoio à educação de crianças e adolescentes. Para ele, os manuais escolares, enciclopédicos, não tinham nenhuma relação com a vida e lidavam com os conteúdos de forma fragmentada. Ele sugeria que professores e alunos construíssem seus próprios textos e fichas de estudos.

Ao lado da insegurança em relação ao acerto ou erro desta decisão, havia a certeza de que, se o aluno conseguisse experimentar o apaixonante prazer da busca, da problematização, do levantamento de múltiplas respostas e surgimento de outras questões, ele se tornaria um pesquisador eterno!

Nossas aulas já seguiam esse caminho, os alunos organizando o seu próprio trabalho e perseguindo os objetivos estabelecidos coletivamente pela classe ou em grupos menores. Observando a motivação dos alunos na realização das leituras e elaboração de textos naquela sala, percebemos a limitação da pedagogia da reprodução, que impede o crescimento intelectual do ser em formação e amputa sua autonomia intelectual. Essa perda é responsável pela massa de trabalhadores não cidadãos que formamos.

Quando completamos o terceiro ano da nossa conquista começamos a acreditar que a nossa experiência estava sendo válida, porque os alunos começavam a usar o pensamento próprio e participar das decisões na programação. As sugestões dos temas e caminhos de pesquisa melhoravam a cada passo, avançando do conhecimento empírico para o entendimento da Geografia como ciência. Em alguns momentos chegavam a decidir o rumo dos acontecimentos, tomando decisões, convidando palestrantes ou mesmo organizando um evento para a escola toda.

> [...] do mestre se exigiria o preparo para, individual e cooperativamente, em colaboração com os alunos, aperfeiçoar a organização material e a vida comunitária de sua escola; permitir que cada um se entregue ao trabalho-jogo que responda ao máximo às suas necessidades e tendências vitais. (Freinet, 1976)

Objetivos da sala-ambiente

Refazendo o trajeto, podemos dizer que os objetivos da nossa sala de trabalho consistiram em:

Criar um ambiente investigador

Para criar um ambiente de investigação utilizou-se leitura reflexiva, leitura crítica, produção de textos com pensamento e linguagem próprios. Pretendíamos que o ambiente fosse um laboratório do pensamento geográfico para que o aluno elaborasse o seu trabalho, identificando um problema, as circunstâncias espaciais, temporais e sociais que o cercavam, analisando suas causas e estabelecendo relações com outros tempos, outros espaços e outros grupos.

Após a definição do problema, os alunos passavam a ler diferentes textos em busca de respostas, as quais nem sempre eram completas, nem sempre visíveis. A atitude do professor pesquisador, buscando causas e relações de forma comprometida em bibliografia especializada, é significativa para a formação de atitudes investigativas no aluno. É importante eliminar a imagem do professor copiador ou utilizador de pensamentos alheios. Se o professor não pensar geograficamente, os alunos não entenderão as razões para se delimitar uma bacia hidrográfica, nem saberão a lógica de as estradas terem sido construídas seguindo os divisores de água ou a lógica da organização espacial

de uma cidade; lerão tabelas e gráficos sem estabelecer as relações temporais e espaciais que os dados contêm.

Para formar o aluno investigador é importante que o professor seja também investigador e saiba desafiar o aluno a seguir diferentes caminhos para se aprofundar em suas leituras e investigações. Na análise dos fatos o professor deve permitir uma discussão aberta, aceitando diferentes perspectivas, desde que o argumento fosse lógico.

Desenvolver o cidadão

O objetivo de desenvolver a cidadania, a formação do estudante comprometido com a realidade, leva em conta que o aluno que se coloca frente a frente com a realidade exercita a busca de respostas para dúvidas que lhe vêm à mente e certamente não separa a pesquisa escolar da pesquisa para a vida, pois é movido por uma inquietação pessoal. Ao perceber o seu papel social e o significado do seu estudo, certamente passará a ler com prazer! A aprendizagem não se limitará ao período das aulas, pois haverá um alargamento dos horizontes. O interesse do aluno ultrapassará os muros da escola, transpondo os bimestres, o ano escolar. Ele se tornará um "buscador permanente".

Formar o intelectual autônomo

O objetivo de formar o intelectual autônomo se liga ao fato de que a autonomia não se constrói com discursos ou aulas reprodutivas: autonomia se constrói com seu contínuo exercício. Na sala-ambiente, onde instigamos à busca, encorajamos a formação e expressão do pensamento próprio e possibilitamos a participação do aluno na organização e no planejamento dos projetos, acreditamos que a autonomia intelectual tenha sido semeada.

> Toda nossa pedagogia visará, precisamente, conservar e multiplicar esse potencial de vida, que os métodos tradicionais depreciam e por vezes eliminam e cuja persistência e exaltação são como que o próprio barômetro de um método. (Freinet, 1976)

Método de trabalho

É difícil falar em metodologia porque o método de trabalho adotado, inspirado em Freinet (1976), foi praticado e estudado com muita reflexão; porém, por ter sido uma prática particular de uma sala de aula em um único colégio, certamente não é significativo do ponto de vista quantitativo. Os procedimentos que nasciam na sala de aula eram modificados com a própria prática, numa parceria entre alunos e professor: pensar, fazer e refazer coletivos. O nosso método de trabalho pode ser sintetizado da seguinte forma:

Planejamento participativo

No início de cada bimestre, planejávamos conjuntamente o tema da pesquisa e os recursos a serem utilizados e discutíamos a divisão de trabalho.

Divisão do trabalho

Após a definição do tema ou dos temas, discutíamos como dividir o trabalho de coleta de informações, leitura de revistas e jornais, leitura de mapas, gráficos e textos de especialistas. Como trabalhadores e sujeitos da circulação no espaço urbano, os alunos tinham facilidade em buscar dados no IBGE, Petrobrás, bancos e outras empresas.

Responsabilidade dos alunos

Aos alunos competiam as tarefas de:

- ☞ alimentar a bancada de consulta com materiais pertinentes, como artigos de jornais, revistas, panfletos, livros, cartazes;
- ☞ realizar a pesquisa bibliográfica em sala de aula, e fora dela, leituras individuais ou em grupo;
- ☞ selecionar textos, fotos ou indicações para leitura e compor o mural;
- ☞ participar das discussões coletivas com contribuições significativas;
- ☞ elaborar o trabalho final.

Responsabilidade do professor

Ao professor cabia:

- elaborar a sua parcela da pesquisa estabelecida na divisão do trabalho;
- alimentar a bancada com materiais pertinentes: jornais, revistas, mapas, livros;
- subsidiar as equipes de pesquisa para melhorar o entendimento dos textos, mapas e gráficos;
- estimular a leitura dos alunos, disponibilizando bibliografia pertinente;
- contatar pessoas para palestras;
- indicar programas de TV, cinema e exposições pertinentes;
- coordenar as participações no painel de discussões.

Organização do tempo e espaço

O espaço era um laboratório de Ciências que fora cedido para que o transformássemos em laboratório de Geografia.

As carteiras eram organizadas pelos próprios alunos em pequenos grupos ou individualmente. Em situações de discussão coletiva faziam um grande círculo. Nas paredes, nosso mural, eram colocadas as pesquisas em andamento, entrevistas realizadas, fotos tiradas, correspondências recebidas, avisos sobre prazos, recados sobre livros e revistas não devolvidos no prazo.

Havia dois armários com livros, revistas e jornais que os alunos classificavam e com os quais alimentavam a ficha de registro. Eles administravam o empréstimo, devolução e tarefas pendentes e muitas vezes vinham ao laboratório de Geografia nas aulas vagas para reorganização do material.

O prazo de entrega dos trabalhos era negociado durante o planejamento, mas havia flexibilidade no tempo.

Era permitido ao aluno que refizesse o seu trabalho, sempre que o tempo o permitisse. O prazo máximo era o final do bimestre. Muitos alunos entregavam o trabalho nas primeiras semanas, continuavam colaborando com o mural e acabavam melhorando o próprio trabalho. Outros o entregavam no início e nada faziam no restante do bimestre, ou até ficavam fazendo atividades de outras disciplinas, o que era permitido, desde que já tivessem cumprido com a sua parte, pois os alunos do período noturno não dispõem de tempo para estudar, ler ou refazer os "questionários".

Na medida das necessidades, abria-se o painel para discussão de conceitos equivocados, informações conflitantes ou rumo das pesquisas.

Avaliação contínua

A avaliação era contínua durante todo o processo. Avaliávamos as questões levantadas, as iniciativas tomadas, a colaboração na alimentação e organização do mural e estande de revistas e jornais, e no final do bimestre, o trabalho – apresentado na forma escrita, oral ou utilizando a mídia.

Avaliação da aprendizagem

A avaliação da aprendizagem ocorria de forma paralela às atividades, e o trabalho de finalização da pesquisa, que poderia ser oral ou escrito, também era somado aos conceitos.

A apresentação dos trabalhos era um momento muito importante para os alunos, que sentiam "orgulho" em mostrar o resultado alcançado. Eles chegavam mais cedo, organizavam as carteiras e preparavam o ambiente para a sua exposição. Outros inovavam e traziam eslaides com fundo musical e ficavam muito empolgados com a apresentação. Eram rigorosos na estética do trabalho, ilustrando a capa, pois insistíamos em que colocassem seus nomes na capa como autores e deixávamos claro que não havia nenhum trabalho semelhante e que eles eram os "autores". As fotos – com título, legenda, fonte e data – eram seriamente selecionadas para que contivessem informações

pertinentes. A síntese era escrita após a discussão em painel, para que representasse o pensamento coletivo.

Os painéis de discussões coletivas eram momentos significativos de avaliação, porque tanto as questões colocadas como as informações do rumo das pesquisas eram importantes indicadores da progressão dos alunos.

Como o objetivo era formar o pesquisador, o objeto de avaliação não era o conteúdo, mas os procedimentos dos alunos: as atitudes investigativas, responsabilidade na coleta de dados, responsabilidade e seriedade para com o grupo, organização do trabalho, iniciativa na busca das informações, pontualidade.

As provas não eram regulares e eram aplicadas principalmente para aqueles que não completavam a pesquisa no prazo ou não conseguiam um trabalho correspondente ao plano proposto. Inicialmente, os alunos festejavam a possibilidade de poder consultar livros, cadernos e todo o material da sala, mas logo percebiam que as respostas não estavam nos materiais expostos, pois exigiam análise, comparação e interpretação de dados.

Colocávamo-nos lado a lado com os alunos em todas as etapas do trabalho: planejamento, investigação, organização de dados, elaboração de textos e avaliação. A avaliação era coletiva, numa concepção de autoavaliação, com o objetivo de entender a construção de cada um diante da produção do grupo e traçar planos para superação das necessidades apontadas.

A autoavaliação também foi construída com muitas discussões para que os alunos entendessem a sua concepção e passassem a analisar os próprios progressos em relação aos objetivos propostos. No início, ouvíamos expressões desanimadoras como "*dá aí, uma nota para eu passar*", pois eles diziam que não sabiam quanto mereciam no próprio trabalho, ou simplesmente diziam "*a senhora que sabe*". Foi um longo caminho para que os alunos avançassem da concepção de avaliação quantitativa e classificatória para avaliação diagnóstica e construção da responsabilidade de avaliar o próprio trabalho.

A discussão sempre começava com a definição do objetivo do trabalho e, em seguida, questionávamos se ele fora atingido. Nesse sentido, a autoavaliação é um instrumento de reconstrução do conhecimento e de desenvolvimento da autonomia intelectual, porque as reflexões sobre a própria aprendizagem provocam a retomada dos passos da pesquisa e das leituras realizadas, assim como evidenciam as necessidades para melhoria do processo.

Avaliação das aulas pelos alunos

Os alunos avaliavam o trabalho do bimestre quanto ao material oferecido, às aulas-subsídio, à utilidade do assunto e à dinâmica do bimestre. Eles avaliavam o próprio trabalho, o esforço, interesse, dedicação e trabalho do professor, ou seja, a disciplina como um todo. A maioria era muito séria nessa avaliação e muitos acabavam sendo mais rigorosos que o professor.

Inicialmente eles diziam que era muito difícil uma aula em que o professor não explique tudo. *"A gente está acostumado a ouvir, ouvir... de repente a senhora diz que nós temos que ler e fazer perguntas... a gente fica perdido."* Outros diziam que estavam acostumados a estudar para prova, e como não havia essa cobrança acabavam relaxando. Por outro lado, havia alunos que entendiam o objetivo da proposta, trabalhavam com muita seriedade, vinham continuar suas leituras nas aulas vagas, diziam ter aprendido a ver TV para extrair informações e criado o hábito de ler jornais, que estavam lendo com maior facilidade. Esses alunos nos encorajaram a prosseguir e acreditar que estávamos formando pesquisadores que ultrapassam os muros e os tempos escolares. É para alunos comprometidos que dedicamos nossas pesquisas sobre ensino.

As revistas sempre ficavam à disposição nas prateleiras. Eles se interessaram muito pelos artigos sobre a Antártida veiculados pelas principais revistas, com reportagens atualizadas e ilustradas com fotografias muito bonitas do continente gelado. Disse a eles que tínhamos um representante brasileiro, o professor dr. Mário Festa, da Universidade de São Paulo, que havia integrado a equipe de pesquisadores no campo brasileiro na Antártida. Imediatamente, um aluno questionou sobre a possibilidade de convidar esse professor para dar uma palestra para nós. Ousada proposta: *"Chama 'ele' professora!"*. Desde o momento da sugestão até a efetivação do evento, os passos foram todos engendrados pelos alunos, que estenderam o evento para a escola toda, todos os períodos, inclusive para os pais. A palestra foi enriquecedora, bastante interativa, pois o professor mostrou eslaides das paisagens por ele visitadas, sempre interagindo com os alunos e questionando-os sobre suas percepções. Os alunos se interessaram muito em entender como eram os laboratórios de outros países com diferentes soluções para as adversidades do clima polar. Ao final da palestra, o professor Festa dividiu conosco a sua coletânea de rochas e parabenizou os alunos pela iniciativa e interesse que demonstraram durante a palestra, com suas questões.

Acreditamos naquele momento que estava nascendo um grupo de alunos com autonomia intelectual!

Exemplo de trabalho de um bimestre

Seleção do tema

Naquele bimestre, o tema selecionado por votação foi "A cidade industrial de Cubatão e o deslizamento da serra do Mar". Alguns alunos disseram que queriam entender melhor por que *"a serra vai cair"*, e outros justificaram a escolha do tema pela facilidade de encontrar material para pesquisar, pois a mídia impressa e televisiva estava dando uma cobertura ao problema.

Pesquisa

Inicialmente os alunos realizaram leituras individuais e depois formaram equipes para a coleta de materiais e pesquisas junto às firmas e institutos de pesquisa.

Colocamos à disposição dos alunos textos sobre a formação da serra do Mar, sua extensão e cobertura vegetal, mapas de vegetação do estado de São Paulo e artigos de jornais e revistas que se referiam à reserva florestal do estado próxima à escola. Fizemos uma transposição didática dos fatores de localização das indústrias e o caso das indústrias de Cubatão.

Leitura dos mapas e relatórios

- conseguidos no IPT (Instituto de Pesquisas Tecnológicas);
- folha topográfica 1:50.000 de Santos;
- planta do município de Cubatão 1:25.000.

No mural, com constante atualização dos alunos e da professora, foram colocados:

- lista das indústrias localizadas no município de Cubatão;
- lista dos institutos de pesquisa envolvidos com o problema;
- roteiro de entrevista às indústrias e institutos, elaborado coletivamente;
- divisão de trabalho dos grupos;
- orientação para organização da monografia.

Foi muito encorajador perceber que muitos alunos "não" interromperam suas leituras nas férias, assim como vinham à sala para levantar questões ou atualizar os murais fora do horário das aulas. Um grupo de alunos foi à serra do Mar para ver a cidade de Cubatão e chegaram impressionados com a poluição atmosférica visível.

Divisão de trabalho

As entrevistas com representantes das indústrias de Cubatão foram realizadas nas respectivas matrizes em São Paulo, pessoalmente ou por meio de telex, telefone ou carta. As indústrias foram escolhidas por equipes de alunos, extrapolando a classe a que pertenciam, de acordo com as conveniências de localização, local de trabalho, facilidade de contato.

Ao professor coube a pesquisa junto ao IPT para indicação bibliográfica e entrevistas junto aos engenheiros que pesquisavam o problema.

Com os materiais que chegavam, tivemos discussões teóricas e técnicas sobre os processos de pesquisa, exploração, extração, refino, transporte e a indústria petroquímica.

Os alunos se sentiram valorizados com o início do resultado da comunicação. A chegada das respostas das entrevistas, de fôlderes e até dos jornais *Union Carbide, Liquid Carbonic* e *Jornal da Secretaria da Agricultura*, com um artigo especial sobre o deslizamento da serra do Mar e a análise de ocupação da serra e de Cubatão, foi uma festa!

Painel

Discussão dos resultados das entrevistas e outras leituras, momento da construção coletiva de conhecimento.

Palestras

Foram realizadas algumas palestras que auxiliaram no aprofundamento do tema. Foram palestras importantes, por terem sido proferidas por especialistas no assunto.

João Pollonio, pai de aluno e funcionário da Eletropaulo, veio à nossa aula para explanar sobre a usina Henry Borden, de Cubatão: localização, represas, problema da retificação dos rios, inversão de cursos, dutos, usinas externa e subterrânea. Foram esclarecimentos técnicos que dificilmente teríamos oportunidade de conseguir. Essa integração entre família e escola também nos auxiliou bastante, mas o envolvimento do aluno foi decisivo no processo.

José da Conceição Neto, biólogo da CETESB, foi convidado pelas próprias alunas que fizeram a pesquisa. Elas pressionaram a diretora da escola a redigir a carta-convite e organizaram a escola no dia da palestra. Esta foi importante, porque o palestrante não se limitou a explicar o fenômeno Cubatão, mas estendeu a discussão do problema a outras áreas do mundo onde também ocorrem fenômenos igualmente preocupantes de degradação ambiental. Ele deixou uma proposta de trabalho educativo para formação da consciência sobre o papel de cada um na conservação do meio ambiente.

Avaliação

Avaliação da aprendizagem dos alunos

Muitos trabalhos foram ótimos, mostrando amadurecimento quanto à análise e à redação utilizando pensamento próprio. Outros se limitaram a um resumo de apenas um artigo. No entanto, alguns alunos mostraram amadurecimento, tirando conclusões pessoais, ligando as leituras, aulas, entrevistas e projeção de eslaides. Localizando os problemas, analisando as influências do tipo de solo e a falta de planejamento urbano, chegaram a sugerir soluções.

Avaliação do bimestre

No geral foi considerado interessante e proveitoso, mas alguns alunos acharam cansativo permanecer dois meses falando apenas sobre Cubatão. Embora o aprofundamento tivesse trazido sempre novas informações, no final, confessaram que estavam cansados, querendo mudar de assunto.

Como professor, entendemos que o bimestre foi muito produtivo, tanto pela participação dos alunos, que trouxeram importantes contribuições, como pelos materiais coletados, que melhoraram a

qualidade das aulas. Foi importante a contribuição do IPT e da CETESB em relação ao material fornecido e às explicações dadas, que permitiram o aprofundamento do problema.

Todos os bimestres, desde 1982, representaram um passo à frente. Sentimos o desenvolvimento da autonomia dos alunos, assim como o interesse pelo estudo, que crescia a cada descoberta.

Conclusão

Esperamos que alguns alunos que trabalharam naquele projeto estejam acompanhando o desenrolar dos fatos nas Delegacias de Ensino de São Paulo e consigam identificar-se como parte do processo de criação desta proposta.

Este trabalho não é uma receita, tampouco pretende ser uma solução, mas apenas o ponto de partida para uma discussão em torno de um ensino de Geografia verdadeiramente dinâmico, ou dialógico, como propõe Freire (1970): "Compreender o mundo, em todas as suas contradições, limitações, buscar as causas e procurar encontrar as armas para a sua transformação".

Referências

IPT/USP – Relatório Oficial da Comissão Especial para a Recuperação da Serra do Mar na Região de Cubatão (material de circulação interna, s/d).

BRANCO, S. M. *O fenômeno Cubatão*. São Paulo: CETESB/ASCETESB, 1984.

CETESB – "Aspectos Meteorológicos e Topográficos" (material de circulação interna, s/d).

FREIRE, Paulo. *Pedagogia do oprimido*. Rio de Janeiro: Paz e Terra, 1970.

FREINET, Celestin. *Método natural*. Lisboa: Estampa, 1977.

_____. *A educação pelo trabalho*. Lisboa: Estampa, 1978.

CASTRO, Amélia D. *Piaget e a didática*. São Paulo: Saraiva, 1974.

FREINET, Celestin & BALESSE, L. A leitura pela imprensa na escola. Lisboa: Dinalivro, 1977.

LIBÂNEO, José Carlos. Saber, saber ser, saber fazer. ANDE – *Revista da Associação Nacional de Educação*, São Paulo, n. 4., 1982, p. 44.

LUCKESI, Cipriano C. Avaliação educacional escolar: para além do autoritarismo. ANDE – *Revista da Associação Nacional de Educação*, São Paulo, n. 10, 1986.

NOVA ESCOLA. <http://novaescola.abril.com.br/index.htm?ed/167_nov03/htm/sala_ambiente.>, acessado em 19 de março de 2007.

Estudo do meio
Sandra T. Malysz

> "Uma das tarefas dos geógrafos é mostrar que a Geografia existe para ser apreciada. Muito frequentemente temos sido mais bem-sucedidos em obscurecer em vez de aumentar esse prazer".
> Roberto Lobato Corrêa e Zeny Rosendahl, *Paisagem, tempo e cultura.*

O meio, visível na paisagem, no qual está presente o processo de relação entre a natureza e a sociedade, é sem dúvida o maior laboratório geográfico Cavalcanti (2002). Para compreender as relações estabelecidas entre a sociedade e a natureza é preciso desvendar o espaço geográfico e conhecer a dinâmica que nele se estabelece. O estudo do meio sempre foi um recurso importante e muitas vezes indispensável à construção do conhecimento geográfico e principalmente para a vivência do método científico de pesquisa. Segundo Ogallar (1995), o meio em que cada um vive é a concretização das forças que regem o mundo atual. O estudo do meio nos possibilita perceber a ação da sociedade no espaço e no tempo e também nos percebermos como sujeitos.

> O estudo do meio propicia o contato direto do educando com o objeto do conhecimento, facilitando o resgate do conhecimento prévio e a transposição didática para o conhecimento científico.

Em todas as fases do estudo, o aluno consegue desenvolver as habilidades necessárias a um pesquisador, como a observação, a intuição, sensações e percepções, ao lado do levantamento, seleção e organização de dados, favorecendo também a construção do conhecimento conceitual.

O meio, como um "laboratório geográfico", está disponível para alunos e professores em todos os graus de ensino. Precisamos enxergá-lo e explorá-lo como recurso para aprendizagem significativa dos conceitos de Geografia. O meio é a sala de aula, o pátio da escola, o refeitório, o corredor, a rua do colégio, a casa do aluno, o bairro, a cidade, o município, o parque florestal, o fundo de vale etc. Não é necessário idealizarmos o estudo de um meio distante, basta que observemos à nossa volta para encontrar paisagens que podem ser exploradas para a construção de diferentes habilidades, conceitos e valores.

A sala de aula também pode ser um meio para um trabalho prático com noções de escala, coordenadas geográficas, coordenação de pontos de vista, orientação, relações espaciais topológicas, projetivas e euclidianas, assim como para o desenvolvimento de habilidades de elaboração de mapas, tabelas e gráficos. Ao tomar o quarteirão da escola como objeto de investigação, a pesquisa da história de suas construções, das pessoas e das atividades econômicas, possibilitam-se a análise do uso do solo urbano e a leitura das mudanças e permanências daquele espaço.

A observação do movimento aparente do Sol trabalhado paralelamente com o manuseio e leitura da bússola, no pátio da escola, tornará mais concreta a construção da noção de orientação relacionada ao movimento de rotação da Terra.

As feiras de rua podem ajudar os alunos a compreender parte da relação cidade-campo que se estabelece no seu lugar. O estudo do meio pode ser planejado para que os alunos possam entrevistar os feirantes e os compradores, elaborar um mapa da circulação de mercadorias e entender na prática os conceitos presentes naquele acontecimento, a feira.

Não obstante, o estudo do meio não se constitui apenas do trabalho de campo, pois além desse trabalho existem também o planejamento e as ações anteriores e posteriores a ele. Principalmente, ele deve estar inserido no planejamento do ano, como recurso didático para o tema proposto. Os materiais de suporte, como mapas, croquis, imagens fotográficas, gráficos, textos etc., devem ser utilizados tanto no momento da preparação do trabalho de campo como no retorno, para elaboração do relatório.

O estudo das interações entre sociedade e natureza, tomando o lugar de vivência como objeto de análise, facilita a transposição didática do conhecimento científico para alunos do ensino fundamental, que ainda necessitam de experiências concretas para construção de ideias abstratas.

> A importância do estudo do meio reside ainda no fato de propiciar aos educandos o momento e os meios para que ele possa descobrir novos elementos naquilo que lhe parecia "normal" ou "natural", de forma que se sentirá instigado a entender esses novos elementos e, ao fazê-lo, iniciará uma releitura (ampliada) do mundo. (Goettems, 2005)

O estudo do meio, diferentemente do estudo estático baseado em livro didático, provoca ainda um maior interesse por parte dos alunos em aprender, observando e fazendo leituras do espaço geográfico com sua dinâmica, diversidade e conflitos.

Segundo Geraldino e Martins (2005), o estudo do meio propicia a abordagem de vários conteúdos no ensino de Geografia e proporciona a articulação entre a teoria e a prática, necessária para que se contemple a construção conjunta do conhecimento da sala de aula e do trabalho de campo. "Motiva também o professor a buscar novos conteúdos e a participar com seus alunos dos passos metodológicos para a efetivação da prática de ensino, tornando-o presente e ativo em todas as etapas de sua realização".

Para ensinar e aprender Geografia é importante estar sempre trabalhando com o espaço concreto, com a prática, para melhor assimilação do conteúdo e da realidade vivida. O aluno não deve ficar memorizando conceitos sem significado, pois, como disse Passini (2001), é essencial possibilitar ao aluno "ver, tocar e sentir" a Geografia presente no cotidiano e a partir disso construir os conceitos necessários. Sendo assim, tanto a escola quanto os professores exercem papel fundamental para tornar isso realidade.

Goettems (2005) discute alguns pressupostos para o estudo do meio, entendido como método de ensino-aprendizagem na educação básica:

- abordagem integrada da realidade nas suas dimensões biofísica, histórico-cultural e socioeconômica, fundamentada em metodologias do trabalho científico e na valorização da aprendizagem por parte do aluno;

- busca por uma abordagem interdisciplinar, exigida pela própria complexidade do real, em que não se trata de estabelecer um "denominador comum" entre as disciplinas, mas de explorar as potencialidades de cada disciplina no estudo da realidade em questão, bem como de valorizar os princípios da diversidade e da criatividade; o importante é ter presente a perspectiva da totalidade, procurando suplantar a fragmentação do conhecimento na construção do saber escolar;

- conjugação do trabalho individual com o trabalho coletivo, pautada pelo compromisso de cada indivíduo e pelo vínculo criado entre os membros do grupo (alunos, professores, coordenadores etc.);

- busca da renovação do conceito de ambiente, sobretudo quando se trata da abordagem de questões socioambientais urbanas;

- problematização da realidade e o incentivo ao educando para a formulação de perguntas e para a busca por respostas.

Assim, entre os objetivos do estudo do meio, podemos ressaltar:

- mobilizar primeiramente as sensações e percepções dos alunos no processo de conhecimento, para em seguida proceder-se à elaboração conceitual em sala de aula. Pode-se pensar na construção de conceitos, a partir dos conhecimentos prévios dos alunos, levando-os à elaboração do conceito científico, realizando assim uma transposição didática. (Bueno, 2005);

☞ proporcionar ao aluno condições de desenvolver sua capacidade de saber observar, entender e analisar de forma crítica a realidade da sociedade da qual ele faz parte;

☞ possibilitar ao aluno a visualização dos problemas de um determinado local e as possíveis soluções, pois dessa forma ele pode interferir na realidade que o cerca, como um ser ativo e criativo, e a partir deste tipo de estudo aprender a ampliar sua visão de mundo;

☞ ajudar os alunos a entender a natureza e sua importância para a sociedade, através do estudo em conjunto das características físicas e humanas dos lugares;

☞ motivar o aluno a conhecer Geografia através da familiarização com o meio que o cerca, em uma aprendizagem dinâmica, mediante a realização de aulas de campo.

O estudo do meio pode ser utilizado também em parceria com a universidade, pois temos muita dificuldade em realizar trabalho de campo de forma sistemática sem contar com recursos específicos como bússola, altímetro, GPS, cartas da localidade. Essa é uma verdadeira contribuição que a universidade poderia nos oferecer. Nesse trabalho integrado entre universidade e escola básica, os alunos de Prática de Ensino em Geografia podem entender o significado de transposição didática do conhecimento científico e a relação entre trabalho de campo e estudo do meio.

No projeto específico "trabalho de campo – estudo do meio" é necessário que os professores das duas instituições consigam planejar a ida a campo, estabelecer os objetivos de cada turma (de alunos da universidade e os do ensino básico) e as funções dos docentes.

Para que um estudo do meio seja uma atividade significativa, é fundamental destacar suas várias fases, desde o planejamento até à avaliação.

1. Planejamento do projeto de ensino-aprendizagem, que consiste em:

1.1. conhecer previamente o local a ser estudado pelos alunos, verificando as possibilidades de observação;

1.2. oferecer uma seleção bibliográfica a ser consultada antes da ida a campo, para melhor assimilação dos conhecimentos;

1.3. analisar as possibilidades de trabalho integrado com outras disciplinas, numa perspectiva interdisciplinar para amplitude do conhecimento a ser construído;

1.4. agendar a visita e verificar os meios necessários de transporte;

1.5. dividir as tarefas entre relatores, fotógrafos, desenhistas, entrevistadores e outros;

2. Trabalho de campo propriamente dito, que é o momento de se tomar contato com a própria realidade;

3. Trabalho na sala de aula após a ida a campo, compreendendo sistematização das informações, organização e tratamento de dados, elaboração de gráficos, mapas, croquis, análise das entrevistas, elaboração da síntese etc.;

4. Avaliação contínua desde a observação das atitudes dos alunos durante o trabalho de campo, elaboração de registros e de relatórios, assim como colaboração nas etapas da preparação e durante o trabalho de campo; nas discussões tanto de preparação como de relatos podemos considerar as informações e análises bem como as dúvidas trazidas para a classe, que são indicadores do interesse dos discentes pelo estudo do meio.

O estudo do meio é um método ativo e interativo, pois o espaço não é fragmentado. Ele abre possibilidades para projetos interdisciplinares nos quais professores de diferentes disciplinas participam do plano de elaboração fazendo-se a pergunta: como minha disciplina pode auxiliar o aluno a entender melhor o fenômeno? De acordo com Goettems (2005), um estudo do meio pode ser proposto e desenvolvido por um professor ou grupo de professores de uma única disciplina; entretanto, diante da complexidade e das múltiplas possibilidades de abordagem contidas no espaço geográfico, qualquer método que pretenda abordá-lo tendo como perspectiva a sua totalidade requer a interdisciplinaridade.

O professor deve estar sempre atento para promover a interdisciplinaridade, integrando os aspectos naturais e sociais da

Geografia em diferentes abordagens: geopolítica; socioambiental, demográfica, cultural e econômica da produção do/no espaço. Na comunicação dos resultados, a utilização de diferentes linguagens enriquece as possibilidades de expressão dos alunos: escrita, plástica, musical, corporal e gráfica.

Referências

> O espaço é interdisciplinar. Compartimentá-lo é antididático.

BRASIL, Secretaria de Educação Fundamental. *Parâmetros Curriculares Nacionais de Geografia*. Brasília: Ministério de Educação e do Desporto – SEF, 1997.

BUENO, Miriam Aparecida. A importância do estudo do meio na prática de ensino em geografia física. In: *Anais ENPEG*. Dourados, 2005.

CAVALCANTI, Lana de Souza. Geografia e práticas de ensino. Goiânia: Ed. Alternativa, 2002.

CORRÊA, Roberto Lobato; ROSENDAHL, Zeny (org.). *Paisagem, tempo e cultura*. Rio de Janeiro: EDUERJ, 2004.

FERREIRA, Maria Eugenia M. Costa. Excursão didática em geografia: como observar a paisagem e elaborar um relatório técnico de viagem. In: *Anais do I Encontro Estadual de Geografia e Ensino* – XV Semana de Geografia. Maringá: UEM, 2005.

GERALDINO, Carlos Francisco Gerencsez; MARTINS, Érica Mantovani. O estudo do meio como atividade para o ensino de geografia. In: *Anais do I Encontro Estadual de Geografia e Ensino* – XV Semana de Geografia. Maringá: UEM, 2005.

GOETTEMS, Arno Aloísio. A educação ambiental e o método do estudo do meio. In: *Anais ENPEG*. Dourados, 2005.

OGALLAR, A. S. El trabajo de campo y läs excursiones. In: JIMENEZ, A. M. Enseñar Geografia, de la teoría à la práctica. Madrid: Síntesis, 1995. Apud BUENO, Míriam Aparecida. A importância do estudo do meio na prática de ensino em geografia física. In: *Anais ENPEG*. Dourados, 2005.

PARANÁ. Secretaria de Estado da Educação. *Diretrizes Curriculares da Rede pública de Educação Básica do Estado do Paraná - Geografia*. Curitiba: SEED, 2006.

PASSINI, E. Y. Geografia: ver, tocar, sentir – relato de experiência. In: Universidade Estadual de Maringá. *Boletim de Geografia*. Maringá, ano 19, n. 1, 2001, pp. 173-178.

Avaliação no processo: aprender ensinando

Cátia Adriana Sesco Cereja
Guilherme R. L. Fernandes
Laura F. Estêvez

> "O aluno deverá assumir responsabilidade pelas formas de controle de sua aprendizagem, definir e aplicar os critérios para avaliar até onde estão sendo atingidos os objetivos que pretende".
> M. G. N. Mizukami, *Ensino*.

Durante o curso de Geografia, de todas as expectativas geradas, a que mais nos deixou ansiosos foi a experiência com o estágio. Afinal, seria o momento em que estaríamos tendo contato com o mundo "real" e com ele confrontaríamos tudo o que havíamos lido, discutido, refletido, apreendido durante os "longos" quatro anos de curso e nas aulas de Prática de Ensino.

Chegou a hora de avaliarmos e repensarmos todas as concepções construídas, e em muitos momentos sentimos a frustração de não estarmos atingindo os objetivos propostos. No entanto, ao final do processo, com o conhecimento melhorado, saímos enriquecidos da experiência, entendendo verdadeiramente o que significa a articulação entre teoria e prática.

O projeto de escrever este livro e poder relatar as nossas experiências como estagiários – nossos medos, nossas angústias, mas também as conquistas – nos faz acreditar que podemos contribuir para a melhoria do ensino de Geografia trabalhando, avaliando e discutindo o cotidiano escolar.

O que nos estimula a continuar é que, no processo de ensinar, aprender e avaliar, a nossa prática melhora a cada desafio, e acreditamos que o aluno também melhore as suas construções a cada avaliação e autoavaliação. Consideramos as diferentes fases de aprender e avaliar como momentos de análise diagnóstica para estudar as possibilidades de reconstrução do conhecimento.

No estágio passamos por diversas experiências, que foram válidas para compreendermos a avaliação como parte do processo de ensinar e aprender. Percebemos que existem diferentes concepções de avaliação possíveis no processo de ensino-aprendizagem. Em um deles a avaliação descreve conhecimentos, atitudes, aptidões que os alunos adquiriram e as dificuldades reveladas que comprometam o processo de construção do conhecimento.

Para muitos alunos ela é sinônimo de prova, e eles desconhecem tanto os diferentes instrumentos como as diferentes concepções de avaliação.

> Mas, afinal, o que é a avaliação? Que objetivos pode conter uma avaliação: diagnosticar, classificar, selecionar, rotular? Como devemos avaliar? Quais os momentos propícios para que a avaliação traga as informações necessárias para o prosseguimento do trabalho? Qual a importância da avaliação no processo de ensinar e aprender?

Essas dúvidas, surgidas durante o estágio, não foram completamente esclarecidas. Segundo Luckesi (1997), hoje a preocupação com a avaliação

da aprendizagem ganhou nas discussões sobre educação, e a prática educativa passou a ser conduzida em função da avaliação, o que ele chama de "pedagogia do exame".

O que vivenciamos durante o estágio nos mostrou que não é fácil conciliar o discurso com a prática, já que isso exige uma mudança de postura e a concepção do ensino como um processo formativo de criticidade e participação, no qual todos possam aprender e crescer. Como afirma Paulo Freire (1987), o que vem ocorrendo hoje com o conhecimento e, consequentemente, com o ensino, é que, ano após ano, ele vem sendo imposto como uma tarefa obrigatória por programas oficiais que muitas vezes não motivam os interesses dos estudantes.

A avaliação colocada como "dever" no calendário escolar não tem ajudado os educadores a entender melhor o processo de aprendizagem dos alunos; no entanto, um adequado instrumento de avaliação deve ser considerado uma ferramenta relevante para que o ensino consiga avançar.

A avaliação e as abordagens pedagógicas

As abordagens do processo de ensinar e aprender também propõem diferentes formas de avaliação, entre as quais destacamos: a abordagem tradicional ou conteudista, a comportamentalista, a humanista, a cognitivista ou construtivista e a sociocultural ou interacionista. Faremos aqui uma breve explanação acerca da avaliação dentro de cada uma dessas abordagens pedagógicas, a fim de nos situarmos diante das diversas formas e processos encontrados em nossas escolas.

Abordagem tradicional

Ainda muito utilizada nas escolas, a avaliação visa à reprodução do conteúdo exposto em sala de aula, utilizando para isso instrumentos como provas, exames, chamadas orais, exercícios etc., nos quais a exatidão das respostas é muito importante para o processo, e o erro é visto como "falta de aprendizagem". Segundo Mizukami (1986), na abordagem tradicional o exame passa a ter um fim em si mesmo e as notas funcionam na sociedade como níveis de aquisição do patrimônio cultural. No entanto, não podemos nos esquecer de que as provas podem ter peso relativo no processo de avaliar o aluno. As notas fazem parte de um sistema classificatório e na maioria das vezes arbitrário, já que são atribuídas pelo professor em função dos resultados de um teste, e não da progressão da aprendizagem. Invariavelmente, o professor não esclarece os critérios de valores e parâmetros adotados. Luckesi (1984) alerta que para uma questão de valor um, o aluno que "tira" 0,25 não consegue entender como conquistar os restantes 0,75.

Uma professora nos relatou uma experiência com alunos de oitava série da rede pública do então primeiro grau, período noturno. Quando ela distribuiu as provas corrigidas, um aluno questionou por que sua nota fora 8 e não 10 naquela dissertação: "Comparação das características do comércio exterior entre o Brasil e o Japão". Era inusitada essa reação dos alunos, mas como ela havia dado abertura para os alunos entenderem as correções feitas, atendeu prontamente, explicando que faltavam alguns elementos na análise dos fatos. Ele logo prosseguiu: *"Quais?".* E ela enumerou: classificar os produtos exportados pelos dois países; autonomia e uma análise da dependência dos países em desenvolvimento em geral. Então, de forma novamente inesperada, ele disse: *"Então você não leu minha prova".* Ela, quase ofendida, afirmou ter lido e anotado outras questões, e apontou as anotações na prova. Como ele mostrou aqueles itens na prova, ela corrigiu a nota com muita satisfação: primeiro, porque percebera quanto aquele aluno tinha certeza do que havia escrito, o que mostrava a sua aprendizagem significativa; e segundo, pela demonstração de autonomia intelectual. Ela disse que aprendera naquele momento a importância de se ter clara uma previsão das respostas ou tópicos a serem abrangidos pela prova, "porque o aluno precisa sempre compreender como atingir a nota máxima".

A abordagem comportamentalista

Ela enfatiza o condicionamento do aluno a ter determinadas atitudes que o ajudem a memorizar e dar as respostas corretas como reação aos estímulos programados. A avaliação tem o objetivo de constatar se o aluno reage com respostas corretas aos estímulos dados. Há um rigor na exigência do comportamento que condiciona a automatização de respostas, possibilitando o encadeamento da reprodução do conteúdo exposto. Nessa abordagem, a avaliação é concebida para medir a exatidão das respostas automatizadas. Para Mizukami (1986), "a avaliação surge como parte integrante das próprias condições para a ocorrência da aprendizagem, pois os comportamentos dos alunos são modelados na medida em que estes têm conhecimento dos resultados de seu comportamento".

Abordagem humanista

Diferentemente das outras duas abordagens anteriores, que são objetivas, a abordagem humanista enfatiza o subjetivo, sendo o aluno o sujeito da aprendizagem. Ele estabelece seus objetivos pessoais, a autorrealização. Os conteúdos externos passam a ter importância secundária e a interação entre as pessoas envolvidas no processo de ensino-aprendizagem é privilegiada. A responsabilidade pela avaliação e pelo controle da aprendizagem passa a ser assumida pelo aluno através da autoavaliação.

Abordagem cognitivista ou construtivista

Ao contrário da proposta tradicional, não adota testes, provas, notas, exames ou coisas semelhantes, uma vez que o conhecimento nessa abordagem não pode ser mensurado. Os defensores dessa abordagem propõem uma avaliação que considere o desenvolvimento do aluno: a passagem entre conhecimento prévio e o conhecimento novo. São valorizadas as construções do aluno quanto às noções de conservação, reversibilidade, proporção e as operações que consegue realizar, como comparações, classificações, ordenações etc. O erro é analisado numa perspectiva de superação para melhoramento do conhecimento em construção.

Segundo Mizukami (1986), nessa abordagem:

> [...] o professor deverá igualmente, nos diversos ramos do conhecimento, considerar as soluções erradas, incompletas ou distorcidas dos alunos, pois não se pode deixar de levar em conta que a interpretação do mundo, dos fatos, da causalidade, é realizada de forma qualitativamente diferente nos diferentes estágios de desenvolvimento, quer do ser, quer da espécie humana.

Abordagem sociocultural ou interacionista

Nessa abordagem, a educação é vista como um ato político, o conhecimento como transformação contínua e a ciência, como um produto histórico. O aluno é o sujeito no centro do processo de regulação da aprendizagem. Nessa abordagem a avaliação se faz a partir da prática educativa, na qual tanto professores quanto alunos saberão suas dificuldades e seus progressos, através da autoavaliação e da avaliação mútua e coletiva.

Após conhecermos as diferentes propostas de avaliação, perguntamo-nos qual seria a mais eficiente. Como podemos ter certeza de que a avaliação utilizada está contribuindo para o crescimento intelectual, social e moral dos alunos? Para responder a essas questões, procuramos entender melhor os instrumentos propostos nas diferentes concepções de avaliação, os objetivo de avaliar, os objetos a serem avaliados.

O que é a avaliação? Qual o objetivo da avaliação?

A avaliação, na maioria das escolas, tem servido para classificar, "castigar", definir o destino dos alunos de acordo com as normas escolares. Isso ocorre devido à concepção de avaliação eleita pela escola, a qual pode ser formativa ou classificatória. Essa função classificatória que a avaliação vem assumindo já há muito tempo é também uma forma de exclusão, que tem como consequência final a rotulação de certos alunos como "sem estrutura familiar", "com problemas cognitivos", "pouco capazes", "inertes a qualquer atividade escolar". Essa avaliação que se pratica na escola é a avaliação da culpa.

Os currículos escolares, os métodos de ensino, os conteúdos selecionados, as concepções de avaliação adotadas, todos esses itens têm sido propostos e executados visando a atender à democratização do ensino, ou seja, considera-se a quantidade de alunos e perde-se na qualidade do ensino. Programas como o de "Progressão Continuada", proposto pelo governo nas diversas esferas, têm sido equivocadamente interpretados como sendo de promoção automática do aluno.

A prática da avaliação comum na estrutura escolar é a classificatória como cumprimento de uma tarefa burocrática, e são raros os estudos de análise do desempenho do aluno como parte do processo de aprendizagem. De acordo com Perrenoud (2000), as classificações definidas pelas avaliações mostram às vezes as desigualdades entre os alunos, de competências passageiras; sendo assim, ele sugere que se "despreze" o atual sistema de avaliação escolar tradicional. O autor diz também que as notas resultantes das avaliações são usadas como base para mostrar a suposta necessidade da classificação de alunos comparando-se resultados e desempenhos, e não o desenvolvimento e objetivos a serem atingidos.

São os professores que avaliam seus alunos e concluem que há fracassos, mas não devemos esquecer que o fracasso é sempre relativo e pertence a uma cultura escolar definida, não sendo um simples reflexo das desigualdades de conhecimentos e habilidades. Como define Zacharias (2006), o fracasso é, assim, um julgamento institucional, e a explicação sobre as causas do fracasso passará, obviamente, pela reflexão de como a escola lida com as desigualdades reais. A análise do fracasso escolar aloja uma questão pouco discutida nas escolas: a elaboração dos instrumentos de avaliação e análise dos resultados.

> A análise do mecanismo avaliativo traz à tona a forma como ele se impõe, provocando a exclusão, que está no interior da escola.

Lembramos, no entanto, que a exclusão não é provocada apenas pela avaliação, mas também pela escolha que se faz do currículo escolar como um todo (objetivos, conteúdos, metodologias, formas de relacionamento etc.). A avaliação denominada classificatória tem, assim, certo grau de responsabilidade pela exclusão, mas não apenas por ela: exerce também uma influência nefasta sobre todas as práticas escolares.

O valor excessivo da avaliação, associado ao fato de se dar credibilidade à classificação resultante, que define a aprovação ou reprovação do aluno, não leva em conta o que esse aluno aprendeu, o quanto a aprendizagem pode contribuir para o seu desenvolvimento e o trabalho que pode ser desenvolvido com os seus "erros" para uma ressignificação dos conceitos. O valor dado aos resultados da avaliação é apenas um dos aspectos danosos de uma classificação para discriminação, sem a realização de análises das questões respondidas e, principalmente, daquelas com porcentagem baixa de acertos. Por exemplo, de quem é a responsabilidade pelos 50% não aprendidos se uma questão obtém 50% de acertos e 50% de erros? A pergunta estava clara? O conteúdo foi trabalhado da mesma forma como foi cobrado na prova? As figuras, mapas, gráficos colocados para análise na prova têm as informações pedidas nas questões? Elas foram trabalhadas na sala de aula como linguagens alternativas? Sem a análise dessas questões, a avaliação não será um instrumento para auxiliar a melhoria da aprendizagem.

A avaliação deve ser entendida inserida no processo ensino-aprendizagem, e pensamos que a avaliação classificatória, usada atualmente para medir os alunos por notas, não tem proporcionado a melhoria do conhecimento. Propomos que haja na escola uma discussão e reflexão em relação às concepções de avaliação adotadas. É preciso que entre em vigor uma forma que seja formativa e contínua e esteja na perspectiva do desenvolvimento integral do aluno (Zacharias, 2006). O objetivo deve ser a qualificação do ensino, e não a quantificação, e nesse sentido a avaliação deve centrar-se no diagnóstico das qualificações dos alunos e de suas dificuldades para que estas sejam superadas.

Como devemos avaliar? Qual a importância da avaliação no processo de ensino-aprendizagem?

Em primeiro lugar está a necessidade da transformação de uma avaliação normativa, que segue regras institucionais, para uma avaliação formativa, que esteja interessada na formação do aluno e se preocupe com ele. Hadji (2001) afirma que essa transformação impõe uma mudança nas práticas do professor em compreender o caminho do desenvolvimento do aluno: como o aluno estava e como ele está, uma avaliação comparativa, que deve ser feita com ele mesmo, nunca com outro. Por isso avaliar exige que se estabeleçam os critérios, assim como os instrumentos para obter informações que possibilitem a compreensão e comparação das contingências tanto no momento da aprendizagem quanto no das avaliações.

Segundo Zacharias (2006), avaliar é ajudar o aluno a aprender e o professor a ensinar. Para Perrenoud (1999), essa função deve seguir pelo diagnóstico de quanto e em que nível os objetivos estão sendo atingidos.

Concordamos com Haidt (2006) e Luckesi (1999) em que o valor da avaliação se encontra no fato de o aluno poder saber de seus avanços e de suas dificuldades. Assim, cabe ao professor desafiá-lo a superar as dificuldades e continuar progredindo na construção dos conhecimentos.

Saviani (2000) afirma que, contextualizando as questões dentro do cotidiano do aluno e na sua vivência, é possível definir o caminho para o conhecimento. Assim, para ensinar e aprender um conhecimento novo é necessário que ele se estabeleça em seu próprio cotidiano, fazendo relação com os elementos do seu meio. A esse respeito, no capítulo "A didática da afetividade" há o relato de uma experiência dos estagiários em que eles descobriram a diferença na motivação dos alunos quando desafiados a passar do conhecimento empírico para o conhecimento sistematizado na análise do seu cotidiano.

A avaliação formativa tem como perspectiva a aprendizagem significativa para o aluno e o desenvolvimento cognitivo e psicológico. Essa forma de avaliação possibilita a análise do conteúdo ensinado e acaba por permitir o desenvolvimento das habilidades dos alunos, tornando-se assim uma ferramenta pedagógica. Como define Zacharias (2006), ela corresponde a um fator de melhoramento na aprendizagem do aluno e na qualidade do ensino.

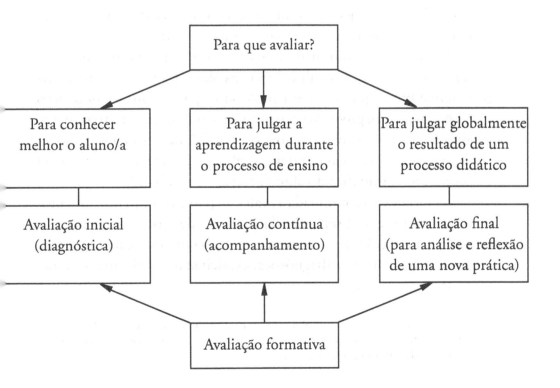

Figura 1. Avaliação formativa (Zacharias, 2006); adaptação de Estêvez (2007).

Uma avaliação formativa e contínua nos permite conhecer melhor o aluno e seus esquemas de pensamento, adequando o processo de ensino para que sua aprendizagem seja mais eficaz. Dessa forma, quando os objetivos não estão sendo alcançados, a análise dos resultados da avaliação nos permite entender os problemas e refletir sobre as propostas de mudanças possíveis.

O que distingue uma avaliação formativa é o fato de ela ser uma ferramenta pedagógica que auxilia o aluno no processo de desenvolvimento (Figura 1).

Devemos entender a avaliação formativa como processo, sendo contínua e integrada ao dia a dia do professor e do aluno. Ela vai além da sala de aula ou de uma prova, tendo caráter integral, pois avalia não apenas o desenvolvimento cognitivo, mas também o desenvolvimento emocional e as habilidades em construção do aluno.

A progressão continuada é, na teoria, um programa que pode alavancar um ensino de qualidade nas escolas, mas infelizmente ainda persistem muitos equívocos entre professores, pais e alunos. Como diz o próprio nome, é um programa que sugere que o aluno esteja em constante progressão no desenvolvimento de suas habilidades e na construção do conhecimento conceitual e moral. A falsa noção de ser uma proposta de promoção automática do aluno precisa ser combatida.

Na progressão continuada a avaliação passa a ser um instrumento-guia que permite a observação do processo de ensinar e aprender e possibilita a correção de rumo com vista ao desenvolvimento do aluno. A avaliação formativa e a diagnóstica, explicitadas anteriormente, estão inseridas nessa proposta.

> Na medida em que se avalia o aluno para conhecer suas necessidades, seus esquemas de construção, suas habilidades construídas e em construção, não há lugar para classificá-lo como fracassado.

São realizadas análises minuciosas dos resultados de avaliação para se ter o diagnóstico das necessidades do aluno, e também é feito um estudo das possibilidades de superação das dificuldades para planejamento das atividades de reforço e recuperação.

Destarte, a avaliação formativa e a diagnóstica fazem parte da "Proposta de Progressão Continuada".

O plano de ação para que o aluno consiga "progredir" inclui a utilização dos recursos disponíveis e esforços possíveis para que ele alcance os objetivos almejados: recuperação paralela, aulas de reforço, grupos de estudo, alternativas na organização da sala, utilização de métodos alternativos, recursos diferenciados.

As principais implementações a serem feitas são: classes de aceleração, que funcionem como uma recuperação paralela ao ensino; o estímulo a formas de avaliação flexíveis e diversificadas; e a autoavaliação. A mudança é essencial, passa do foco de um produto final para o foco no processo ensino-aprendizagem, que torna a avaliação "formativa" e "diagnóstica".

Essa nova política educacional não pode ser confundida com uma máquina de aprovação automática, mas deve ser encarada como um mecanismo eficaz e inteligente na busca por uma nova concepção de educação, que atinja os professores, alunos, pais e pesquisadores, e dessa forma ajuste a realidade pedagógica à realidade do aluno.

Nossas práticas

Durante o período de estágio trabalhamos na quinta série com avaliação contínua. Em quase todas as aulas os alunos realizavam alguma atividade nas formas escrita, oral ou prática. Elaboramos um perfil dos alunos durante o tempo em que permanecemos como estagiários, utilizando nossas observações e os resultados das avaliações.

Percebemos que a avaliação, nessa perspectiva, nos possibilitou uma análise significativa do período trabalhado que não se baseou em um único dia, nem se fez com um único instrumento. No fim do período de estágio pedimos aos alunos que fizessem uma autoavaliação, descrevendo o que haviam apreendido, os conteúdos e atividades de que mais haviam gostado. A leitura dos textos apresentados nos permitiu perceber a relação afetiva construída com os alunos, os conceitos que precisariam ser retrabalhados e também as competências e habilidades atingidas pelos alunos.

O estágio em classe do ensino médio nos proporcionou momentos em que refletimos sobre a avaliação durante o processo de ensino-aprendizagem. Nas observações realizadas em sala de aula percebemos que na maioria das vezes as atividades docentes e discentes foram voltadas para a realização das provas com o objetivo de alcançar a nota mínima para promoção, e a médio prazo visavam à preparação para o vestibular. Poucos foram os momentos em que os alunos demonstraram interesse em aprender. O conteúdo não parecia significativo e as aulas não eram prazerosas.

Essa situação ilustra bem o que nos coloca Luckesi (1997):

> Durante o ano letivo, as notas vão sendo observadas, médias vão sendo obtidas. O que predomina é a nota: não importa como elas foram obtidas nem por quais caminhos. São operadas e manipuladas como se nada tivessem a ver com o percurso ativo do processo de aprendizagem.

Iniciamos outro estágio numa turma do primeiro ano do ensino médio e percebemos uma grande preocupação, por parte dos professores e da escola, em preparar os alunos para as provas vestibulares. Incluíam muitas questões de provas de vestibulares de várias universidades do país, tanto nas avaliações como nas atividades de classe e exercícios de casa. Percebemos que essas questões, geralmente objetivas, não possibilitavam uma avaliação diagnóstica da aprendizagem dos alunos e quais habilidades realmente eles estavam desenvolvendo, já que apresentaram vários problemas em sua formulação.

A primeira avaliação realizada com essa turma foi uma prova com dez questões objetivas acerca do conteúdo trabalhado com os alunos durante o bimestre. Embora saibamos que um único instrumento não possibilita uma avaliação da aprendizagem, ainda é comum entre muitos professores (e incluímo-nos nesse processo) gerar expectativa em torno dos resultados. Ao iniciarmos a correção, nosso entusiasmo se transformou em decepção, pois percebemos que o desempenho dos alunos ficara muito abaixo das nossas expectativas. Nesse momento tivemos que avaliar nossas próprias práticas pedagógicas. Refletimos sobre as causas de tamanho insucesso das nossas aulas, representado pelas notas, que ficaram abaixo da média. Seria falta de atenção, de empenho e de preparo dos alunos? E quanto às nossas aulas? Tivemos uma boa comunicação com os alunos? As atividades trabalhadas estavam claras? Conseguimos provocar a passagem do conhecimento construído para o conhecimento novo?

Para entendermos nosso "fracasso", elaboramos gráficos com o desempenho de cada aluno e o comparamos com as notas anteriores. Percebemos que as notas não refletiam o desempenho dos alunos em sala de aula, pois muitos deles, apesar da nota baixa, eram ativos e participativos, tanto perguntando como fazendo observações produtivas. Constatamos com isso que na avaliação da aprendizagem o professor não deve permitir que os resultados das provas periódicas, geralmente de caráter classificatório, sejam supervalorizados em detrimento de suas observações diárias, de caráter diagnóstico.

Adicionalmente, realizamos uma análise de cada questão da prova (Figura 2) em relação a:

- clareza do comando;
- informações fornecidas pelos mapas, gráficos e desenhos;
- tempo para execução;
- recorte esperado como resposta;
- comparação entre o conteúdo trabalhado e o conteúdo colocado na prova.

Após a análise dos resultados, expusemos nossas preocupações, conversamos com os alunos e propusemos aulas de reforço para os conteúdos com aproveitamento insuficiente e a realização de uma nova prova. Esta foi repensada e reformulada de acordo com os objetivos propostos para cada conteúdo e não com o propósito de preparação para o vestibular. Colocamos a seguir a prova com a nossa análise em cada questão para que o leitor possa entender melhor o trabalho realizado entre a primeira e a segunda prova. A análise das questões da prova, que realizamos apenas devido ao desempenho dos alunos ter sido inferior às nossas expectativas, foi significativa para nós também, e acreditamos que seja uma ação necessária no processo de ensinar e avaliar.

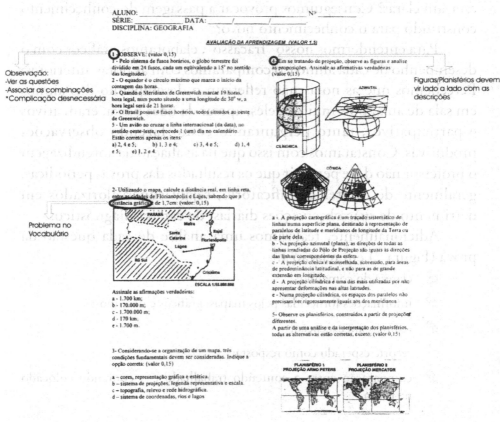

Figura 2. Prova aplicada e questões analisadas.

a - A representação correspondente ao planisfério 1 expressa as reais proporções entre os diferentes continentes que compõem a superfície terrestre.
b - A representação correspondente ao planisfério 2 mostra as deformações de áreas que são tanto maiores quanto mais elevadas as latitudes.
c - A representação correspondente ao planisfério 1 possibilita a percepção correta da configuração das massas continentais, principalmente nas regiões inter-tropicais.
d - A representação correspondente ao planisfério 2 é utilizada intensamente, na navegação aérea e marítima, pela viabilidade de se traçarem nela, com precisão, os rumos de uma rota.

6- As ruas 1 e 2 estão no esquema abaixo, em que não estão explicitados os pontos cardeais. (valor 0,15)

Complicador desnecessário

Os nomes corretos das vias 2 e 1 podem, respectivamente, ser:
a – perimetral sul, radial leste.
b – perimetral sul, radial oeste.
c – perimetral norte, radial oeste.
d – radial sul, perimetral norte.
e – radial sul, perimetral oeste.

7- Restos de um navio foram localizados nas seguintes coordenadas geográficas: 20° de latitude sul e 10° de longitude leste (valor 0,15)

Leia os itens a seguir, que contém possíveis indicações do local do naufrágio do navio.
I   Proximidades da costa oriental da África.
II Setor ocidental do oceano Índico.
III Proximidade da costa ocidental da África.
IV Setor oriental do oceano Atlântico.
Quais estão corretos?
a – Apenas I e II
b – Apenas I e IV
c – Apenas II e III
d – Apenas II e IV
e – Apenas III e IV

Observação: Dificuldade a mais com a segmentação da questão em quatro partes, e o mapa não ajuda.

8 - Justificando que um mapa é um meio de informação. (valor 0,15)
I   Em uma luta armada, a interpretação de um mapa pode indicar o caminho a seguir ou melhor lugar para se esconder, no caso de uma batalha perdida.
II O mapa permite conhecer melhor o espaço, um terreno ou uma região, orientando na organização de roteiros de viagens.
III O mapa é importante para estruturar diferentes formas de planejamento, inclusive para as guerras.
Assinale:
a – se apenas afirmativas I e II estiverem corretas
b – se apenas afirmativas I e III estiverem corretas
c – se apenas afirmativas II e III estiverem corretas
d – se todas as afirmativas estiverem corretas
e – se todas as afirmativas estiverem incorretas

Associação entre a e b - complicação desnecessária.

9- Considere um mapa geográfico cuja escala é de 1:1 000 000, e a distância em linha reta entre duas cidades é de aproximadamente 7 cm. Assinale a alternativa que indica corretamente a distância real entre as duas cidades. (valor 0,15)
a – 700 km.
b – 70 km.
c – 7 km.
d – 7 000 km.
e – 170 km.

10 – Você vai marcar um encontro com mais 2 amigos em uma sala de bate-papo, o horário da reunião será às 14:00h (horário de Brasília - 3° fuso a oeste de Greenwich). Sabendo que o amigo "A" mora em Sydney, na Austrália (10° fuso a leste de Greenwich) e o amigo "B" mora em Los Angeles, nos Eua (8° fuso a oeste de Greenwich). Pergunta-se: Que horas serão em Sydney e em Los Angeles na hora do bate-papo?

⟹ Outro problema apontado pela professora foi o fato de haver duas questões para cada conteúdo trabalhado, o que não é necessário, uma só questão basta para a avaliação, desde que os objetivos do que se queira avaliar estejam claros.

Figura 2. Prova aplicada e questões analisadas.

Para a seleção de conteúdos das aulas de reforço pedimos aos alunos que nos indicassem os temas e atividades em que haviam sentido maior dificuldade. Fomos novamente surpreendidos, pois as atividades e os conteúdos apontados pelos alunos nem sempre eram aqueles em que as notas haviam sido "baixas".

Essa situação confirmou para nós o que afirma Luckesi (1997: 23):

> A avaliação da aprendizagem escolar, além de ser praticada com uma tal independência do processo ensino-aprendizagem, vem ganhando foros de independência da relação professor-aluno. As provas e exames são realizados conforme o interesse do professor ou do sistema de ensino. Nem sempre se leva em consideração o que foi ensinado.

Ela nos mostrou que "as provas não provam nada", já que os conteúdos de maior dificuldade para os alunos não foram aqueles em que as notas foram insuficientes.

Depois das aulas de reforço, aplicamos a nova avaliação e obtivemos resultados extraordinários, pois a média global da turma aumentou mais de 60%, mostrando que o empenho dos alunos, aliado ao interesse dos professores em ajudá-los a superar as dificuldades, pode fazer a diferença não só na nota, mas também no envolvimento dos alunos, na motivação em compreender e construir um novo conhecimento. Entendemos então com essa prática que é preciso articular ensino-aprendizagem e avaliação, e principalmente que o aluno precisa se envolver tanto no momento de aprender como no momento de ser avaliado.

Gadotti (1990) diz que a avaliação é essencial e inerente à educação e indissociável dela, enquanto concebida como problematização, questionamento, reflexão sobre a ação. Percebemos pela nossa experiência o quanto essa afirmação é verdadeira, pois a avaliação que se mostrou ineficiente nos fez refletir, questionar e repensar nossas práticas, transformando nossas ações para atingir os objetivos propostos. Na reconstrução do percurso da aprendizagem dos alunos a análise das questões da avaliação realizada em interação com eles foi muito significativa. Compreendemos nessa experiência que a avaliação é também uma ferramenta da aprendizagem.

Referências

FREIRE, P.; SHOR, I. *Medo e ousadia*: o cotidiano do professor. Rio de Janeiro: Paz e Terra, 1997.

LUCKESI, C. C. *Avaliação da aprendizagem escolar*. 9. ed. São Paulo: Cortez, 1999.

_____. Avaliação educacional escolar: para além do autoritarismo. In: *Fórum de debates*, XVI Seminário Brasileiro de Tecnologia Educacional. Porto Alegre, 1984.

MIZUKAMI, M. G. N. *Ensino*: as abordagens do processo. São Paulo: EPU, 1986.

PERRENOUD, Philippe. *Avaliação:* da excelência à regulação das aprendizagens – entre duas lógicas. Porto Alegre: ArtMed, 1999.

_____. *Novas competências para ensinar*. Porto Alegre: ArtMed, 2000.

SAVIANI, D. *Saber escolar, currículo e didática*. 3. ed. Campinas: Autores Associados, 2000.

SILVA, J. F. et al. (orgs.). *Práticas avaliativas e aprendizagens significativas em diferentes áreas do currículo*. Porto Alegre: Editora Mediação, 2004.

ZACARIAS, Vera Lúcia em <www.centrorefeducacional.com.br/avaforma.htm>, acessado em novembro de 2006.

_____. <www.centrorefeducacional.com.br/avapque.htm>, acessado em novembro de 2006.

Fechando o livro e abrindo um diálogo
Elza Yasuko Passini

Este livro é um convite para discussão e proposta de continuidade.

Precisamos formar os coletivos inteligentes de Ensino de Geografia com todos aqueles que compartilham da preocupação de melhorar a prática da sala de aula. Não estamos em busca de aulas maravilhosas, tecnologias de ponta, laboratório multimídia de Geografia. Naturalmente, esse aparato tecnológico seria valioso auxiliar na construção do conhecimento do aluno, na medida em que, sendo atual, o aluno se motiva duplamente, porque conhece muitos instrumentos propostos, porque consegue participar ativamente na busca de informações, porque tudo faz parte da sociedade atual.

Não obstante, gostaríamos que os leitores pudessem refletir sobre nossas dúvidas, nossas práticas, nossas avaliações, e trocar conosco suas experiências e reflexões. Gostaríamos que as salas de aula de todos os níveis de ensino se transformassem em laboratórios do pensamento de sujeitos ativos, inquietos, buscadores incansáveis, que fossem impelidos a pesquisar em diferentes fontes, inclusive na multimídia.

Sabemos que a multimídia está inserida no cotidiano das pessoas; mas também entendemos que ela, por si só, não provoca a melhoria da qualidade de ensino.

Precisamos de professores pesquisadores que observem o trabalho de seus alunos como reflexo do seu próprio trabalho, e que, analisando essas ações e reflexões, consigam caminhar no sentido da melhoria do conhecimento seu e de seus alunos. Para isso, gostaríamos que este livro motivasse os professores a elaborar seus registros, suas reflexões e suas análises que serão o material de investigação de si e de seus pares.

Gostaríamos, também, que olhassem os alunos como parceiros na investigação, porque sendo sujeitos e parceiros haverá motivação para prosseguir na busca de respostas e questões.

Queremos propor uma aula de interrogações, e não de exclamações; uma aula para colocação de dúvidas e problematizações, para capacitar os alunos a observar, levantar dados, comparar, graficar, mapear a Geografia da localidade e passar a entender e interpretar o mundo.

Qual professor para qual escola? Ou qual escola para quais alunos?

Queremos propor que o professor seja ousado e criativo, trabalhando em parceria com alunos igualmente ousados e criativos, todos sujeitos da aula, provocando a recriação das ideias, extrapolando os muros da escola para também reinventar a escola.

Anexos

Anexo 1

Roteiro para conhecimento do espaço escolar

Prática de Ensino e o Estágio Supervisionado
Professora:
Nome da escola:
Nome do aluno:

Informações gerais	
Administração	Quantidade de alunos / quantidade de salas quantidade de classes por série / quantidade de alunos por classe / procedência dos alunos (região, país etc.) / quantidade de professores por disciplina / quantidade de coordenadores, supervisores / quantidade de funcionários secretaria regimento interno
Espaço físico da escola: desenho, fotografias, planta oficial da escola (atualizada), projetos de reforma e/ou ampliação	
Sala de aula	Dimensão / quantidade de carteiras quantidade de alunos / tipo de carteiras disposição usual das carteiras / iluminação recursos disponíveis / ventilação (conforto térmico)
Biblioteca	Dimensão / acervo horário de funcionamento / responsável regras de funcionamento
Sala de vídeo	Dimensão / recursos acervo / horário de funcionamento regras de funcionamento / controle da claridade

Laboratório de informática	Dimensão / quantidade de computadores/ impressoras tipo/configuração dos equipamentos/ programas instalados / horário de funcionamento regras de funcionamento
Sala de professores	Dimensão / mobiliário ambiente de trabalho / conforto/recursos
Sala de trabalho pedagógico	Dimensão / mobiliário conforto/recursos / iluminação
Sala de reprografia	Quantidade de máquinas / preço da cópia regras para utilização
Refeitório	Dimensão / horário merendeiras / conforto forma de organização das mesas / cardápio
Sala de coordenação	Recursos / ambiente
Espaços externos: jardins, hortas, pátio, quadras esportivas, estacionamento para carros/bicicletas/motos	Dimensão / estado de conservação frequência de utilização / projetos
Relações de trabalho: entrevistas, documentos, fotografias, organograma, lista de professores por disciplina etc.	
Espaço pedagógico	Planejamento / projetos calendário escolar / horário das aulas
Recursos didáticos	Livros didáticos e paradidáticos adotados Autor: Título: Editora:
Recursos didáticos específicos: mapas, globos, Atlas	Quantidade / estado de conservação frequência de utilização
Relação escola – família	Entrevistas / reuniões espaços de diálogo / horários de atendimento
Professores de Geografia	Carga horária / formação escolar tempo de serviço
Outras informações	

Elaboração: Passini/2007.

Roteiro de trabalho		
Objeto da análise	Necessidade identificada	Proposta

Carta de solicitação de pesquisa

Ao
Diretor(a)

Prezado(a) Professor(a) Coordenador(a)

Solicitamos permissão ao acadêmico(a) ....
.... RG nº........................, aluno(a) regularmente matriculado(a) no Curso de............................ .... da Universidade ...., Registro Acadêmico número ...., para realização de uma pesquisa nessa instituição de ensino, como parte do conhecimento necessário para sua formação de professor(a) de Geografia.

Contando com a valiosa colaboração de V. Sa., apresentamos nossos agradecimentos e colocamo-nos à disposição para os esclarecimentos que se fizerem necessários.

Atenciosamente,
Data
Assinatura

Anexo 2

Ficha de frequência do estagiário

Universidade:
Prática de Ensino de Geografia
Professor (a):
Aluno(a)
Estagiário(a):
Documento de Identificação:
Colégio hospedeiro:
Professor(a) regente:

Data	Local	Observações	Assinatura do responsável

Elaboração: Passini/2007.

Ficha de observação das aulas

Nome do aluno estagiário: Registro acadêmico nº.:
Conteúdo da aula:
Data e hora:
Identificação da turma e do Professor regente:
A aula planejada:
A aula executada:
A comunicação:
Quanto à clareza dos objetivos:
Necessidades:
Assinatura do responsável:

Passini/2007

Ficha de avaliação geral dos estagiários

Universidade:
Prática de Ensino de Geografia
Nome do(a) professor(a) de Prática de Ensino:
Nome da escola hospedeira:
Nome do professores orientadores:

Avaliação dos estagiários						
Nome	Recurso	Conteúdo	Sequência	Grupo	Classe	Observações

Fraco (F), Regular (R), Bom (B), Ótimo (O)
Elaboração: Passini/2007.

– Avaliação dos estágios:
– As suas expectativas em relação aos estágios foram cumpridas? (explique por favor)
– As aulas com os estagiários deram sequência ao seu planejamento? (se não, explique, por favor)
– Para o próximo ano, o que você acha que pode ser feito para que essa troca seja enriquecedora para as duas partes: o ensino fundamental e a formação dos professores?

Ficha de avaliação individual do estagiário

Universidade:
Prática de Ensino de Geografia
Nome do(a) professor(a) de Prática de Ensino:
Nome da escola hospedeira:
Nome do professores orientadores:
Nome do estagiário:
Período da realização dos estágios: (data início e término)
Professor regente,

Solicito sua colaboração, apontando caminhos para o melhoramento da formação profissional do estagiário que trabalhou sob sua supervisão.

Objetos de avaliação	melhorar	excelente
Plano de aula		
Objetivos claros e coerentes com os princípios da disciplina		
Domínio de conteúdo		
Sequência do trabalho na aprendizagem		
Utilização de recursos adequados ao conteúdo		
Utilização do quadro-negro		
Abordagem coerente com os objetivos propostos		
Atualização do conteúdo		
Comunicação com a classe: clareza, voz audível, interação		
Utilização correta da língua: concordância, pronúncia etc.		
Receptividade em relação às questões colocadas pelos alunos		
Domínio de sala (disciplina)		
Entusiasmo, habilidade para motivar os alunos		
Explicitação correta de conceitos		
Postura		
Respeito mútuo		
Habilidade para perceber as necessidades dos alunos		
Organização do tempo		
Pontualidade		
Assiduidade		

Objetos de avaliação	melhorar	excelente
Retomada e síntese no final do trabalho		
Avaliação: diagnóstico das necessidades		
Relacionamento com o professor regente		
Relacionamento com colegas do estágio		

Sugestões para melhorar a integração universidade e escola básica na perspectiva de uma pesquisa colaborativa:

Avaliação final do estagiário:
Data
Assinatura do professor orientador

Elaboração: Passini/2007.

Anexo 3

Critérios para análise de Muldimídias

	Aspectos pedagógico-metodológicos		
CATEGORIAS	QUESTÕES ASSOCIADAS	S	N
Apresentação das interfaces	- motivam o aluno a prosseguir em suas buscas - o tempo para execução está adequado à idade - o tempo para execução está adequado ao nível de dificuldade - os comandos das tarefas estão claros?		

CATEGORIAS	QUESTÕES ASSOCIADAS	S	N
	- os ícones e posições dos comandos são mantidos no documento - facilidade de acesso aos sites indicados - identificação clara do tema - apresentação de menu de opções - os objetivos estão claros - indicação clara da faixa etária por tarefas - separação clara por nível de dificuldade - clareza das funções das ferramentas - organização das informações sem ruídos - otimização da legibilidade: estilo e tamanho da fonte - facilidade para leitura: - cor de fundo - figuras - letras - manutenção das características da interface no documento		
Conceitos	- informações e conceitos corretos		
Atividades	- contribuem para a construção de conceitos e noções - favorecem o desenvolvimento de operações mentais - envolvem seleção e tratamento de dados - desafia o aluno a identificar problemas e indicar soluções - coloca propostas claras - integra diferentes fontes - articula diferentes escalas geográficas		

CATEGORIAS	QUESTÕES ASSOCIADAS	S	N
	- confronta diferentes pontos de vista - indica leituras, filmes, sites para ampliação do conhecimento - trabalha com diferentes representações - mostra preocupação com a educação cartográfica - apresenta nível de complexidade coerente com tarefa demandada - estimula a busca de informações - instiga atualização, complementação e criação de dados e textos - facilita acesso a jogos educativos - propõe atividades lúdicas		
Interatividade	- possibilita: - atualização dos dados - complementação dos dados - modificação das classificações - recriação de legendas - alteração do desenho no mapa - criação de textos - aplicação das soluções propostas no mapa		
Interdependência	- possibilita utilização de diferentes mídias - facilita escolha de diferentes mídias - articula diferentes linguagens		
Documentos visuais	- fotografias e imagens em movimento nítidas - imagens sem ambiguidade - colocação das imagens auxiliam na compreensão do conteúdo		

CATEGORIAS	QUESTÕES ASSOCIADAS	S	N
	- simulações melhoram a construção do conceito - equilíbrio na colocação das imagens		
Documentos sonoros	- os efeitos sonoros motivam as buscas - efeitos sonoros adequados: vozes, ruídos, música - efeitos sonoros auxiliam na compreensão do conteúdo		
Linguagem escrita	- a redação dos textos, das atividades e dos comandos estão claros - o vocabulário está adequado à idade a que se destina - o glossário tem explicações claras - os textos têm fluidez		
Manipulação	- possui comandos fáceis - apresenta rapidez nas respostas às demandas - tempo destinado a cada tarefa adequado - ligações com a internet on line - articulação som -imagem harmoniosa - acesso rápido aos sites indicados - possibilita utilização autônoma - mantém os ícones para comandos iguais - autonomia de acesso a tarefas avançadas - facilidade para avanços e retornos		

CATEGORIAS	QUESTÕES ASSOCIADAS	S	N
	- equilíbrio na utilização simultânea de várias mídias		
Valores	- desenvolvimento de diferentes leituras - estímulo à investigação e à criatividade - desenvolvimento de responsabilidade e participação - respeito às diferenças - coordenação de diferentes pontos de vista		

Adaptação: Hû, Olivier et al. (2001) por GALAMEAU e PASSINI (2004). Hû, Olivier et al. Une aide à évaluation des logiciels multimédias de formation. In: TRICOT, André; ROUET, Jean François (org.) *Les Hypermédias, approches cognitives et ergonomiques*. Paris: Hermes, 1998.

Anexo 4

Guia de manuseio do aparelho receptor de GPS

1º. passo – Ligar o GPS apertando a tecla POWER;

2º. passo – Apertar a tecla PAGE, em seguida a tecla MENU, para tirar do modo simulador, e tecle ENTER, para iniciar a navegação;

3º. passo – Ir para a página ADQUIRIR SATÉLITE, esperar o sinal forte de pelo menos quatro satélites na tela. Automaticamente aparecerão as coordenadas geográficas do ponto onde estamos;

4º. passo – As coordenadas serão armazenadas na memória pressionando-se a tecla ENTER; escolher EXIBIR; na página de Marcar WAYPOINT, pressionar ENTER novamente.

Este sistema foi projetado para fornecer o posicionamento instantâneo e a velocidade de um ponto na superfície terrestre ou próximo dela, através das coordenadas geográficas. O GPS é baseado numa constelação de trinta satélites distribuídos por seis órbitas em torno da Terra. A altitude da órbita foi calculada de modo que cada satélite passe sobre o mesmo ponto da Terra num intervalo de vinte e quatro horas.

O GPS pode ser aplicado em vários ramos de atividade, onde a localização geográfica é uma informação necessária. Foi originalmente concebido para ser utilizado na navegação aérea, marítima, terrestre e para a localização de expedições exploradoras. Tornou-se importante instrumento para a realização de levantamentos topográficos e geodésicos, demarcação de fronteiras, unidades de conservação e terras indígenas, implantação de eixos rodoviários, além do monitoramento de caminhões de cargas, carros ou qualquer outro tipo de transportes.

O IBGE opera uma rede de estações de GPS (Rede Brasileira de Monitoramento Contínuo) permanentes, compostas por nove estações, sendo, portanto, uma ferramenta de suporte para utilização desta tecnologia no Brasil e o principal elo de ligação com os sistemas de referência internacionais.

As tecnologias desenvolvidas pelo homem têm uma aplicação prática como a rede de satélites que orbitam sobre o planeta Terra, enviando informações para serem utilizadas de diferentes maneiras: segurança, orientação e gerenciamento de circulação de mercadorias, fiscalização de cadastro de construções etc.

Anexo 5

Instrumentos de autoavaliação de alunos

Universidade Estadual de Maringá
Departamento de Geografia
Prática de Ensino de Geografia II
Professora: Elza Yasuko Passini
Autoavaliação das aulas de Prática de Ensino – 1º. semestre

1) Qual tem sido a importância da aula de Prática de Ensino de Geografia para sua formação profissional?

"A aula de Prática de Ensino de Geografia, me deu uma base de comparação de como deve ser uma aula ideal, e me ensinou que, mesmo que esse objetivo não seja atingido, eu devo continuar buscando através de tentativas, e que se eu não conseguir alcançá-lo eu não preciso ter medo de fracassar." (Ribeiro, 2006)

"As discussões que surgiram durante as aulas sobre os textos lidos, sobre as dificuldades e facilidades que cada um vivia nos estágios." (Gomes de Sá, 2006)

"Sem demagogia, tem sido importante. Discussões ricas têm ajudado a refletir a prática de ensino, a função docente na atual conjuntura da educação brasileira. Para mim, particularmente, elas têm me inquietado e estimulado a buscar novas leituras. Os exemplos e as histórias da vida profissional da professora tornaram as aulas vivas e nos mostrou possibilidades de ousar e inventar." (Melo, 2006)

"A aula de Prática de Ensino é fundamental para minha formação profissional, porque nela discutimos os erros, falhas, acertos, dúvidas que ocorrem na regência, aprendendo, assim, não só com as nossas dúvidas, mas com a de todos da turma que as expõe." (Silva, 2006)

"...e, essencialmente, através das aulas que discutimos os textos propostos, com objetivo de aprimorar a capacidade crítica sobre o ensino. Refletimos, avaliamos e trouxemos novos questionamentos, baseados nos textos, com objetivo de aprimorar e melhorar a futura atuação profissional do professor." (Aquino Junior, 2006)

2) Quais textos têm ajudado nas suas reflexões como professor (a)? Especifique o tipo de contribuição por texto (autor e título).

Ariovaldo Umbelino de Oliveira – *Educação e ensino de Geografia na realidade brasileira.* "Ajudou-me a refletir sobre a Geografia das salas de aula que cria alunos alienados. O texto também nos alerta para a indústria do livro didático que vitima os professores, pois para muitos ele se tornou um guia, tornando a aula de Geografia distante da realidade." (Gonçalves Júnior, 2006)

Cipriano Carlos Luckesi – *Avaliação educacional escolar para além do autoritarismo.* "Foi ótimo, ele mostrou-me um sistema de avaliação com o qual sempre convivi, mas nunca havia me dado conta que se não tivesse lido eu continuaria a repeti-lo com meus alunos." (Ribeiro, 2006)

Claudia Davis e Yara Lucia Espósito – *Papel e função do erro na avaliação escolar.* " Contribuiu muito para eu refletir sobre o ato de avaliar. Passamos do senso comum da noção de pensar a avaliação como sinônimo de prova para outras concepções de avaliação: diagnóstica, classificatória e que ela deve ser contínua sem se basear em um único instrumento. Penso também que o erro permite perceber como o aluno pensa e não pode ser assinalado com X ou zero." (Melo, 2006) "Ajudaram-me a refletir sobre a repetência e evasão escolar. Fez-me refletir sobre a função da avaliação e as condições necessárias para que a avaliação se efetue de maneira consequente." (Aquino Junior, 2006)

Elza Yasuko Passini – *Ensino de Geografia em sala ambiente.* "Deu-me um padrão de comparação do funcionamento de uma sala ambiente e uma tradicional." (Ribeiro, 2006) "Este texto contribuiu para perceber a insuficiência de aulas expositivas e pensar formas de trabalho em sala de aula que incentive a pesquisa. A minha crítica é que faltaram aulas práticas para vivenciarmos a sala-ambiente proposta pela professora."

(Melo, 2006) "[...] perceber que a sala criada despertou interesse dos alunos. Aprendi com este texto que sempre devemos lutar por aquilo que acreditamos." (Silva, 2006)

Ira Shor e Paulo Freire – *Medo e ousadia.* "Foi excitante! Este texto fez-me refletir sobre as formas de se trabalhar em uma aula, fez-me enxergar um novo universo até então povoado de alienação. Só preciso de tempo e me dedicar para mudar a prática tradicional ao que propõe Shor e Freire neste texto: a formação do aluno buscador do conhecimento." (Melo, 2006) "Aprendi que: a motivação deve estar dentro do próprio ato de estudar, desde o reconhecimento, pelo estudante, da importância que o conhecimento tem para ele". (Silva e Gonçalves Júnior, 2006)

José Carlos Libâneo – *Importância do planejamento escolar.* "Foi muito importante porque baseamos nos esquemas colocados neste texto para elaborar nossos planos de aula." (Silva, 2006)

Lino de Macedo – *O funcionamento do sistema cognitivo e algumas derivações no campo da leitura e escrita.* "Foi um texto de difícil compreensão para mim, mas com os exemplos discutidos na classe percebi o caminho do raciocínio do aluno e também a importância da relação do conhecimento que o aluno já possui com o conhecimento novo a ser construído." (Silva, 2006)

Nilson José Machado – *Informática na escola: significado do computador no processo educacional.* "Foi interessante ler Machado e saber que a máquina é burra e nós precisamos alimentá-la. Isso nos ajuda a não depender delas." (Scandelai, 2006)

Philippe Perrenoud – *A informática na escola: uma disciplina como qualquer outra, um* savoir-faire *ou um simples meio de ensino?* "Penso na frase de Perrenoud '*No ritmo em que vão as coisas, a comunicação por correio eletrônico e a consulta do Web irão tornar-se, em alguns anos, tão banais quanto o uso do telefone.'* Esse tempo já chegou. E vejo a escola ainda distante dessa realidade." (Ribeiro, 2006) "Gostaria de poder dinamizar os laboratórios de informática nas escolas. As paisagens em três dimensões, notícias on-line, tudo aproxima o aluno da Geografia." (Saiki, 2006)

Roberto Mangabeira Unger – *O mais importante.* "Esse texto provocou a discussão da situação atual do ensino público e nos fez refletir o que devemos passar de um ensino informativo para um ensino reflexivo, analítico e crítico." (Estêvez, 2006)

Rosângela Doin de Almeida – *A propósito da questão teórica metodológica sobre ensino de Geografia.* "Este texto me esclareceu sobre o que ensinar, como ensinar e para que ensinar Geografia, sendo uma discussão importante para nós professores repensarmos e nos libertarmos da Geografia descritiva para a formação do leitor crítico do espaço produzido pela sociedade." (Gonçalves Júnior, 2006)

Rosângela Doin de Almeida – *Bom dia para o mundo.* "Fez-me refletir profundamente a importância da abordagem analítica e interpretativa." (Gonçalves Júnior, 2006)"Este texto resume em poucas palavras como deve ser a abordagem da Geografia: analítica, interpretativa e crítica." (Nichida, 2006)

EE/SP – *Avaliação e progressão continuada*. "Foi importante entender que esse programa não significa promoção automática como está sendo equivocadamente entendido, mas uma avaliação constante, com rigor para que o aluno possa avançar, progredir com diferentes meios como aulas de reforço, recuperação paralela, grupos de estudo." (Scandelai, 2006)
Stephen Kanis – *Vamos acabar com as notas*. "Aprendi que a estrutura das aulas e da sala de aula não precisam ser sempre da mesma maneira, que posso ousar e mudá-la." (Ribeiro, 2006)
Outros (texto que leu por iniciativa própria para aula ou para outros fins, neste ano ou em anos anteriores). Claudio de Moura e Castro – *Precisamos de uma crise*. "Mostrou que não devo ficar inerte ao que vem acontecendo com a educação no país e que os alunos precisam mesmo é aprender a ler e escrever melhor. Outros textos que me auxiliaram foram matérias de jornais referentes à educação e da revista *Nova Escola*, que acompanho, além de textos do site: <www.reescrevendoaeducacao.com.br.> Tenho assistido a filmes sobre educação e refletido sobre a responsabilidade de ser educador: *Escola da vida, O clube do imperador, Treinador Carter: treino para a vida*, e outros." (Ribeiro, 2006)"Em geral os textos em sua maioria claros, objetivos motivaram a ler mais sobre o ensino." (Aquino Junior, 2006)

3) Como a classe tem contribuído para seu crescimento profissional? Você se lembra de alguma aula/discussão que tenha ajudado significativamente? Explicite o acontecimento.

"As aulas de prática têm me ajudado, pois posso ouvir fatos vividos por meus colegas e aprender com os erros e acertos deles. Um exemplo disso foi a atividade sobre produção do espaço trabalhada pelas colegas Silva e Camargo, que pediram para seus alunos criarem um município utilizando conceitos de uso do solo, e percebi que eles construíram a noção de zoneamento urbano." (Ribeiro, 2006)

"As discussões da sala têm sido de grande contribuição. É até difícil elencar uma aula porque para mim todas somaram muito para minha formação. Mas um dos relatos colocados no texto me instigou a buscar novas atitudes como educador, pois a professora relatou como em uma oitava série noturna os alunos vinham para a aula motivados a prosseguir em suas pesquisas e como as aulas eram vivas com aqueles alunos sujeitos. Penso tentar o mesmo nas minhas aulas: dinâmica para estimular leituras, reflexões, discussões e ousadias." (Melo, 2006)

"Praticamente todas as aulas tiveram uma certa contribuição com os debates sobre a aula dos colegas, a troca de informações, principalmente. Uma aula foi especialmente enriquecedora para mim: foi a aula que falamos sobre os passos de planejamento e preparação de uma aula. Utilizo muito os esquemas do texto do Lino de Macedo (sd) na preparação de atividades que obrigue o aluno a 'pensar', como Macedo (idem) fala, utilizar as ferramentas da inteligência. É difícil mas estou entendendo cada vez melhor. Outra aula que tem me ajudado é sobre instrumentos de avaliação. A senhora tomou a prova que havíamos elaborado como exemplo e apontou as ambiguidades, colocações incompletas, análises impossíveis devido a falta de informações. Isso foi muito importante porque me conscientizei sobre a responsabilidade de se elaborar o instrumento de avaliação com objetivos claros e sobre objetos definidos. Espero acertar." (Gomes de Sá, 2006)

"A classe contribui com discussões significativas acerca dos acontecimentos durante a regência." (Estêvez, 2006)

"A interação entre colegas na classe é muito importante, pois sempre aprendemos com eles. Por exemplo, a exposição de Vieira e de Sá sobre Supertrunfo foi enriquecida com diferentes temas a serem aplicados no jogo." (Silva, 2006)

"As discussões sobre as aulas de regência foram as mais importantes, pois foi através delas que pude melhorar meus objetivos. A implantação de grupos de apoio foi inovador e bastante oportuna para que pensássemos na melhoria do espaço escolar e não planejar a aula de forma fragmentada. O que me marcou foi o objetivo de formar o ser pensante que ocorre em interação no grupo possibilitando ao aluno a realização de uma pesquisa verdadeira, interpretação e análise de dados. Uma frase dita pela professora de prática que ficou na memória foi: 'Você não deve entrar na sala de aula como professor, mas sim como parceiro da pesquisa'." (Gonçalves Júnior, 2006)

4) Que dificuldades foram discutidas na aula e fizeram diferença para sua formação?

"As apresentações de Melo sobre as dificuldades de organizar trabalhos em equipes com os alunos e o desinteresse em aprender." (Ribeiro, 2006)

"As dificuldades encontradas por todos nós em nosso estágio: o problema cultural impregnado em nossa sociedade de cumprir tarefas para obtenção de nota

e não para aquisição de conhecimento, o descompromisso dos alunos, a cultura da indisciplina, a carreira docente desvalorizada." (Melo, 2006)

"As tentativas de cada colega para superar o nervosismo e insegurança e conseguir motivar os alunos da escola a estudar Geografia." (Silva, 2006)

"Uma das dificuldades encontradas foi tentar seguir o conselho da professora de prática e criar situações que gerassem dúvidas nos alunos para que sua curiosidade gere mais perguntas e a aula seja uma situação de debate de ideias em progressão." (Gonçalves Júnior, 2006)

"Muitas dúvidas foram discutidas, mas o que mais me ajudou foi dar-me coragem para enfrentar uma sala de aula. Não me imaginava dando aula, mas depois das aulas de Prática senti-me preparado e espero desenvolver um bom trabalho com meus alunos." (Godoi, 2006)

"O que me ajudou nas discussões da aula foi entender que 'A aula é um acontecimento que não se repete, é um momento no qual devem ser criadas circunstâncias favoráveis à construção do conhecimento. Isso acontece através das relações entre sujeitos (professor e alunos) e o objeto do conhecimento que pode ser científico, moral ou de habilidades'." (Estêvez, 2006)

5) Quais textos foram de ajuda significativa para elaboração do plano de suas aulas?

"Paulo Freire, *Pedagogia da autonomia*, que me ensinou a pensar no conhecimento como ferramenta para autonomia, e por isso precisamos nos esforçar para que o aluno seja o sujeito na busca do conhecimento, ele precisa estar motivado a aprender e essa motivação só pode ocorrer se o aluno for investigador, e Stephen Kanis, *Revolucione a sala de aula*. Faz uma provocação e eu fui tocado por essa provocação." (Ribiero, 2006)

"O texto base utilizado no planejamento foi o de Libâneo (1994), pois seguimos os passos que ele sugere de forma muito didática. Ele foi importante para que tivéssemos sempre claro o objetivo da aula na escolha do tema, recursos, método, abordagem e avaliação. Percebi na prática a segurança que nos proporciona um bom plano de aula." (Silva, 2006)

"O texto do professor Gasparini, bibliografia indicada na disciplina Didática. Os textos ajudaram e as discussões na sala de orientação com a professora de prática ajudaram também." (Melo, 2006)

6) A avaliação (da professora regente ou de vocês) aplicada com os alunos estava fundamentada em qual forma de abordagem de aprendizagem? Explique.

"Fundamentadas na abordagem tradicional, com a maioria das aulas expositivas; confesso que mais reproduzi o que já era trabalhado pela professora do que contribui com coisas novas, por puro medo de ousar e pressão da professora regente para continuar com as aulas expositivas. Mas na relação professor-aluno pude tratar os alunos como amigos e não como crianças e aprendizes mirins. Acredito que isso tenha feito diferença na aprendizagem deles, pois passaram a me ouvir com respeito." (Ribeiro, 2006)

"Ambas foram fundamentadas na reprodução do conteúdo estudado, mas na segunda avaliação procuramos colocar questões que exigissem aos alunos expressarem os próprios pontos de vista." (Silva, 2006)

"Aprendi muito com a professora regente a utilizar o que o aluno sabe e criar diálogos para fazer o aluno avançar em seu conhecimento." (Gonçalves Júnior, 2006)

7) Você analisou o erro dos alunos na perspectiva cognitivista? Dê exemplo de um erro desde a análise e o trabalho realizado com o erro.

"Não. Admito com pesar que analisei na perspectiva tradicional." (Ribeiro, 2006)

"Faltou coerência das questões elaboradas com o conteúdo trabalhado. Percebemos esse problema quando analisamos o resultado dos alunos e reelaboramos a prova para que os alunos pudessem ter melhor desempenho na avaliação como resultado da aprendizagem. Penso ter avaliado o erro para ajudar o aluno a melhorar..." (Gomes de Sá, 2006)

"Não muito, mas procuramos rever as questões com eles para que eles percebessem os erros discutindo uns com os outros." (Silva, 2006)

"Acredito que para se analisar o erro na perspectiva cognitivista é necessário um tempo maior com ele, já que é difícil diferenciar se o problema apresentado pelo aluno é cognitivo ou do professor." (Aquino Júnior, 2006)

"Muitos erros de português, às vezes erro na cópia do quadro, alguns alunos com maior dificuldade para entender as propostas de trabalho, dificuldade de concentração... Tenho dificuldade com essas questões e ainda não sei como proceder." (Godoi, 2006)

8) As aulas de Prática de Ensino deveriam ser ... (sugestões para melhorias)

"Trazer mais profissionais e estudantes como a Hiroko, que nos passe suas experiências e possamos entender como é o sistema de ensino em outros países. Foi muito enriquecedor saber que no Japão os professores visitam os lares dos alunos para construção da integração 'família-escola'." (Ribeiro, 2006)

"As aulas estão boas, mas deveríamos ter um tempo maior de aula para podermos preparar as aulas de regência na própria aula de Prática de Ensino de forma coletiva." (Silva, 2006)

"Os estágios deveriam ser iniciados no terceiro ano, e no quarto ano deveríamos fazer estágios em pelo menos duas séries diferentes." (Gonçalves Júnior, 2006)

"Mais dinâmicas com saídas de campo, visitar colégios com a professora. Aulas com depoimento sobre os estágios foi chato e entediante. Achei a aula da senhora legal, porque pude perceber que a senhora dá todo tipo de apoio necessário para o aluno no estágio." (Nichida, 2006)

> Universidade Estadual de Maringá
> Departamento de Geografia
> Prática de Ensino de Geografia II
> Professora: Elza Yasuko Passini
> Autoavaliação das aulas de Prática de Ensino – 2º. semestre

1) A substituição da monografia para elaboração de um livro teve como objetivos a revisão bibliográfica, revisão do trabalho realizado nos estágios, articular teoria e prática e melhorar a redação. Você acha que estes objetivos foram alcançados?

"Sim. Acredito que esses objetivos foram alcançados plenamente." (Sato, Scandelai, 2006)

"Sim, creio que foi desenvolvido um bom trabalho científico, com participação coletiva. Todos contribuíram com textos próprios e na discussão para melhoria da redação. A revisão dos textos, relatórios de estágios tudo isso auxiliou para escrevermos os nossos capítulos, e acredito que se fosse uma monografia não teríamos feito tudo com excitação." (Gomes de Sá, 2006)

"Ao elaborarmos o nosso capítulo, tivemos que reler os textos e relacionar a teoria pela bibliografia com a prática vivida durante a regência. [...] Essa experiência foi de grande valia e deve ser adotada posteriormente." (Saiki, 2006)

2) Explique sua resposta.

"Pelo trabalho que foi desenvolvido no segundo semestre pela maioria dos alunos da sala, é completamente visível que todos se dedicaram na elaboração dos capítulos distribuídos a cada um, recorrendo não somente a textos lidos e discutidos durante o ano, mas também buscando novas fontes de pesquisas, como foi por exemplo o nosso (da Silvia e meu) caso. Foi também necessário repensar em muito o período de estágio que realizamos no colégio Gastão Vidigal, pois nosso livro trata justamente desse período de experiência como estagiários, o que vivemos, o que ensinamos e o que aprendemos." (Sato, 2006)

"Os objetivos foram alcançados sim, mas se fosse possível dar continuidade acredito que todos teriam muito a se enriquecer. A pesquisa precisa de tempo de amadurecimento e aprofundamento. Senti muita responsabilidade em pensar que eu estava produzindo um texto que poderia servir de base para outras pessoas aprenderem a relação entre teoria e prática da disciplina." (Gomes de Sá, 2006)

"Com a elaboração do capítulo Prática de Ensino e o Estágio Supervisionado e participando indiretamente de outros capítulos nas discussões coletivas da aula, pude (re)visitar o período de regência, percebendo pontos que poderei melhorar e também naqueles em que tive o resultado esperado. Se tivéssemos adotado a monografia, creio que meu estudo teria ficado restrito a relatar apenas minha experiência." (Saiki, 2006)

3) Você fez um criterioso trabalho de pesquisa bibliográfica para escrever o seu capítulo? Explique como foi o processo.

"Para escrever o capítulo cujo título seria 'Equipe de Apoio', fomos buscar algo na internet a respeito de organização de materiais em colégio. O mais próximo que encontramos desse assunto foram alguns sites de educação que tratavam sobre 'Sala-ambiente' e sua disposição. Depois, partindo para a biblioteca, buscamos livros não de Geografia, mas qualquer outro que tratasse de organização em diferentes áreas, pois usaríamos para justificar a metodologia utilizada para o trabalho realizado no colégio. Encontramos, assim, livros específicos sobre biblioteca e organização (Ordenar para Desordenar), do qual pouco retiramos, livros do curso de Administração, tratando como o próprio nome cita de 'Uma análise das teorias de organização', além de fazer uso de um livro indicado por nossa professora de Prática de Ensino, *Plano Escolar – Caminho para autonomia*, que foi o principal norteador do tema escolhido. Por se tratar de um assunto pouco trabalhado, e criado dentro da nossa própria sala de aula – Equipe de Apoio – nada encontramos com essa designação, cabendo à dupla equiparar a teoria encontrada à pratica realizada. Ao final da nossa pesquisa, decidimos alterar o título do capítulo para 'Organização do espaço escolar'." (Sato, 2006)

"Sim, para escrever o meu texto tive a preocupação de procurar novas fontes bibliográficas para melhorar o embasamento teórico sobre 'Planejamento'; recorri aos textos indicados na aula como Libaneo (1994), Freire e Shor (1986) e bibliografia de anos anteriores." (Scandelai, 2006)

"Poderia ter sido mais severo na pesquisa, mas a limitação de tempo impediu-me de realizar uma busca mais ampla." (Gomes de Sá, 2006)

"Utilizei como principal referência o livro de Piconez (1990) e Pimenta (1992) e as experiências do período de regência e conhecimento construído no período de graduação." (Saiki, 2006)

"Sim, porque eu me identifiquei e por isso me dediquei muito. Primeiro entrar no conteúdo e depois saber expressar de forma clara." (Ferreira, 2006)

4) O que você achou da reelaboração coletiva de seu texto e de seus colegas? Houve crescimento ou foi muito tedioso?

"Na verdade acho que pouco foi acrescentado na reelaboração coletiva dos textos em geral. A maior contribuição veio a somar-se com as alterações feitas pela própria professora, que por possuir experiência e conhecimento muito acima de nós, alunos, pôde realmente contribuir para o crescimento dos capítulos escritos, não se restringido somente a concordâncias gramaticais, o que acabou acontecendo na maior parte das reuniões de segunda-feira." (Sato, 2006)

"Acho que foi ótimo. Percebemos claramente como as distorções ou ambiguidades nos textos eram corrigidas após discussões e resgate das teorias. Foi importante perceber que todos estavam escrevendo seus capítulos e durante essa produção do livro senti-me parte do coletivo dos autores e aceitei as mudanças, ideias que conflitavam com as minhas para que chegássemos a um produto final: um bom livro!" (Gomes de Sá, 2006)

"Não participei de todas as aulas de reelaboração dos textos, porém naquelas em que pude estar presente achei construtivo, pois todos tiveram oportunidade de opinar, inclusive a professora. Foi uma experiência que possibilitou um grande crescimento para todos." (Saiki, 2006)

"Com certeza houve crescimento, pois as pessoas veem suas ideias de outras formas, assim vimos novas formas de melhorar o texto. Uma pena é que algumas pessoas em sala querem atrapalhar o trabalho alheio com problemas pessoais, o que acaba empobrecendo as criações ou direcionando para lados pessoais." (Ferreira, 2006)

5) Como seria um procedimento adequado para a construção da inteligência coletiva que se pretendeu?

"Talvez se todos tivessem sido investigadores de todo o conteúdo, contemplando demais leituras e pesquisas ao invés de restringir-se apenas ao seu próprio tema, teríamos tido sim uma maior construção coletiva. Porém, é importante lembrar que para isso é necessário tempo disponível, o que não foi possível nesse segundo semestre. O prazo para a entrega do texto final, as demais atividades concernentes ao próprio curso e o tempo empenhado para a elaboração desse trabalho não permitiram, no meu ponto de vista, a realização da chamada construção da inteligência coletiva." (Sato, 2006)

"Precisa haver disciplina dos autores para escrever um livro. Como disse a professora, se todos utilizarem meia hora do dia para escrever e reescrever, ao final do processo teriam um bom texto. Acho que para ser melhor, todos os autores deveriam estar presentes e participar das análises e reescritas com sugestões tanto na forma como no conteúdo para chegar a uma construção coletiva inteligente." (Gomes de Sá, 2006)

"Se tivéssemos conhecimento sobre os textos de todos teríamos tido maior colaboração de todos, mesmo que fosse mais cansativo." (Saiki, 2006)

6) Você se sente preparado para dar aulas de Geografia de qualidade? O que sentiu falta na disciplina Prática de Ensino II para que se sinta bem preparado?

"Embora o tempo de estágio tenha sido pouco, eu me sinto preparada para dar aulas de Geografia com qualidade. Na minha opinião, falta apenas que os estágios comecem no ano anterior ao ano do término do curso, como ocorre em outros cursos, por exemplo." (Sato, 2006)

"Você precisa estar sempre preparado e ao mesmo tempo não deixar de se atualizar sempre." (Gomes de Sá, 2006).

"Penso que tive uma formação de qualidade e creio que com a prática encontrarei as melhores formas de trabalhar com os alunos. [...] Penso também que a prática de ensino deveria ser adotada durante toda a graduação, integrada a outras disciplinas." (Saiki, 2006)

7) Sugira alternativas para a organização dos estágios, registro e organização do material.

"A organização do material pela professora não deve ser alterada. Os textos sempre foram incluídos periodicamente na pasta de xérox da copiadora conforme fomos utilizando, e, portanto, dependia apenas dos seus 'eitores' para copiá-los.

Quanto aos registros dos estágios, é algo muito subjetivo, e cada aluno possui sua maneira de organizar-se." (Sato, 2006)

"Um pouco mais de participação dos colegas nas discussões de planejamento das aulas de regência.[...] Seria melhor se o primeiro semestre fosse dedicado à análise do plano da professora regente e preparação e estudo das regências, observar e participar das aulas da classe escolhida." (Gomes de Sá, 2006).

"Em relação aos estágios a organização se deu de forma coerente, trabalhamos em duplas ou trios, tivemos oportunidade de conversarmos com as professoras regentes, escolhemos as turmas para nossa regência, tivemos orientações e acompanhamentos das professoras da graduação e da professora regente e tudo isso favoreceu o desenvolvimento do estágio, porém o curto período em que praticamos as aulas não me pareceu suficiente, o estágio deve ser efetuado em um período maior para que a formação e ambientação com a profissão ocorram de forma plena, com melhor articulação da teoria e da prática." (Saiki, 2006)

8) Agora você já é professor de Geografia! Qual seu maior medo? Quais são seus sonhos?

"Meu maior medo é ter 20 ou 40 horas/aulas semanais e não dar conta de preparar aulas e atividades como pude preparar para a turma com a qual estagiei no colégio Gastão Vidigal. Tenho medo de que por isso minha aula caia na 'mesmice' das aulas de outros professores, como pude viver antes de entrar na universidade, e eu deixe de ser 'A PROFESSORA', passando a ser chamada de 'A Chata', ou o que é pior 'A Bruxa', pelos meus alunos. Como aluna, sei que não há nada pior que sair de casa pela manhã sabendo que aquele dia vai ter 'aquela aula chata', 'daquela matéria chata' e, pior ainda, com 'aquela professora chata'. Como professora, meu maior sonho talvez já tenha se realizado no próprio período de estágio, por [...] ter recebido tanto carinho sincero e especial de alunos para quem dediquei todo o meu esforço." (Sato, 2006)

"A preocupação em saber se sua aula está sendo produtiva, se os alunos estão aprendendo de fato... Isso, eu acho que só vou superar com o tempo. Meu sonho é ser cada vez melhor como profissional, rever os meus erros, contribuir ao máximo para melhorar o ensino de Geografia." (Gomes de Sá, 2006).

"Talvez tenha medo de conhecer a turma com a qual irei trabalhar. Gostaria muito de me tornar um bom professor, que possa facilmente fazer com que os alunos me entendam e compreendam o conteúdo e que possa também de alguma educá-los." (Saiki, 2006)

9) Comentário livre.

"Aprendi a valorizar muito mais o empenho, trabalho e dedicação dos colegas de classe, ou seja, aprendi com outros. Durante a disciplina de Prática de Ensino I, no ano de 2005, e Prática de Ensino II, neste ano, muitas vezes fomos 'obrigados' (no bom sentido) a trazer para a sala de aula práticas ou técnicas didáticas com recursos para aula, e muitas delas eu resgatei, fazendo uso nas minhas próprias aulas, assim como tive notícias de que outros colegas também o fizeram. Acredito que essa prática deve ser incentivada cada vez mais, estimulando a criatividade dos futuros professores e a troca de experiências entre a turma." (Sato, 2006)

"Aprendi muito com você, professora, e pretendo continuar aprendendo. Estou muito contente, vou fazer uma especialização em ensino de Geografia na UEL e acho que a professora pode continuar me ajudando." (Gomes de Sá, 2006)

"Creio que nós educadores devemos trabalhar com resgate de valores perdidos, como o respeito ao professor e valorização do conhecimento." (Saiki, 2006)

"Vale lembrar a flexibilidade e participação aos alunos oferecida nas aulas, metodologias que levarei comigo na minha atuação profissional." (Aquino Júnior, 2006)

10) Este tipo de avaliação realmente avalia a produção de uma disciplina?

"Em minha opinião, avalia não somente a produção de uma disciplina, mas também a experiência e capacidade individual de cada aluno/estagiário." (Sato, 2006)

"Acho que avalia, sim. Temos liberdade de expor nossas ideias e acabamos fazendo autoavaliação, também." (Godói, 2006)

"Na Prática de Ensino II tivemos muita autonomia, tomamos decisões e opinamos a respeito da disciplina; isso foi muito importante porque fez com que tivéssemos maior confiança e responsabilidade na realização dos trabalhos e adquirimos compromisso tanto nas aulas como nas avaliações, nas regências." (Saiki, 2006)

11) Sugira um instrumento de avaliação que "realmente" possa avaliar o trabalho de estágios, registro, participação.

"Não alteraria a forma como foi feito este ano." (José Aquino Júnior)

Os organizadores

Elza Yasuko Passini é professora do Departamento de Geografia da Universidade Estadual de Maringá (UEM). Mestre e doutora em Educação pela Universidade de São Paulo (USP), realizou o pós-doutorado na Universidade de Quebec, em Montreal, no Canadá. Pela Editora Contexto, publicou *O espaço geográfico: ensino e representação* (em coautoria com Rosângela Doin de Almeida) e também é coautora do livro *Cartografia escolar*.

Romão Passini é professor do ensino fundamental da rede pública do Estado de São Paulo. Bacharel e licenciado em Geografia pela USP e em Administração de Empresas pela Fundação Escola de Comércio Álvares Penteado (Fecap), também é administrador de empresas na área de recursos humanos. Participou do projeto Escola de Cara Nova da Secretaria da Educação do Estado de São Paulo.

Sandra T. Malysz é professora do ensino fundamental e médio no Colégio Estadual Dr. Gastão Vidigal, Maringá. É mestre em Geografia pela UEM e especialista em Gestão Agroindustrial pela Universidade Federal de São Carlos (UFSCar).Os autores

Os autores

Ana Claudia da Silva é licenciada em Geografia pela UEM e professora de Geografia do Colégio Anjos Custódios, Marialva, Paraná.

Carlos Eduardo Vieira é licenciado em Geografia e mestrando em Geografia pela UEM.

Cátia Adriana Sesco Cereja é licenciada em Geografia pela UEM.

Dimitri Salum Moreira é licenciado e bacharelando em Geografia pela UEM.

Eliane de Camargo é licenciada em Geografia pela UEM.

Elizabeth Cristina Macceo Sato é licenciada em Geografia pela UEM.

Fabiano Antônio de Melo é licenciado em Geografia pela UEM e pós-graduando em Ensino de Geografia pela Universidade Estadual de Londrina.

Francisco Bueno de Godoi é licenciado em Geografia pela UEM.

Francisco de Assis Gonçalves Junior é licenciado e bacharel em Geografia pela UEM.

Guilherme R. L. Fernandes é licenciado em Geografia pela UEM.

José Aquino Junior é licenciado e bacharelando em Geografia pela UEM. Também é professor de Geografia do Centro de Estudos Educare, Maringá, no Paraná.

Kim Saiki é licenciado em Geografia pela UEM.

Laura F. Estêvez é licenciada em Geografia pela UEM, é também mestranda em Geografia na mesma universidade.

Lorena Lucas Puerta é licenciada em Geografia pela UEM.

Marcelo José da Silva é licenciado em Geografia pela UEM.

Maria das Graças de Lima é doutora em Geografia Humana pela UEM. Professora de Prática de Ensino na mesma universidade, no Departamento de Geografia e do Programa de Pós-graduação em Educação para a Ciência e o Ensino de Matemática.

Medson Gomes de Sá é licenciado e bacharelando em Geografia pela UEM.

Natálie Roncaglia Scandelai é licenciada em Geografia pela UEM e pós-graduanda em Administração, Supervisão e Orientação Educacional pela Universidade Norte do Paraná (Unopar).

Paulo Roberto Nishida é licenciado em Geografia pela UEM.

Rafael Luís Cecato Klimek é bacharel e licenciado em Geografia pela UEM.

Renato J. Ferreira é licenciado em Geografia pela UEM.

Silvia Renata Fornel é licenciada em Geografia pela UEM.

Viviane Ferraz é licenciada em Geografia pela UEM e professora de Geografia da Rede Estadual de São Paulo / Delegacia de Piracicaba.